Autismus - (m)eine andere Wahrnehmung

Gee Vero

Published in 2014 by FeedARead.com Publishing

First Edition

A CIP catalogue record for this title is available from the British Library.

Für Elijah

Kaum warst du auf der Welt, kaum geboren,
da schienst du schon für immer verloren.
Erreichen konnten wir dich lange nicht,
hast dich versteckt hinter deinem Gesicht.

Ich erkannte dich bevor es die Anderen konnten,
bewege ich mich doch in deinen Fronten.
Ich kann dir geben, was auch mich hält,
denn in deinen Augen sehe ich auch meine Welt.

Wir können diesen Weg gemeinsam gehen,
weil wir uns gegenseitig verstehen.
dich zu haben, gibt mir meine Chance,
bringt mein Leben endlich in Balance.

Greif meine Hand und folge mir,
ich zeige dir den Weg zu dir,
ich kenn deine Geschichte, hör mir zu,
so wie ich bin, so bist auch du.

Danksagung

Es hat länger gedauert dieses Buch zu schreiben, als ich ursprünglich gedacht hatte. Erst die Hilfe vieler Menschen hat es mir ermöglicht, das Buch fertigzustellen.

Mein Lebensgefährte, Hans Hegewald, kennt nicht nur das Thema Autismus, sondern hat auch die seltene Gabe zu verstehen, was ich meine und konnte mir helfen, es in die richtigen Worte zu fassen. Es ist ihm zu verdanken, dass ich dieses Buch fertigstellen konnte, ohne dabei den Verstand zu verlieren. Er hat das ganze Material durchgesehen, während ich schrieb, was nicht nur dazu führte, dass das Buch besser wurde, sondern mich auch dann am Schreiben hielt, wenn ich lieber aufgegeben hätte. Er prüfte nicht nur meinen Fortschritt, sondern war auch stets bereit, mit mir zu allen Themen ausführlich zu diskutieren. Er war es, der bemerkte, wenn ich zu Erlahmen drohte und munterte mich mit seinen Späßen und kleinen Nörgeleien auf. Danke Hans!

Mit Ute Fischer hatte ich eine sachkundige und gewissenhafte Lektorin für dieses Buch. Die Verbesserungen waren doch erheblich. Danke dafür, liebe Ute. Alle übrig gebliebenen Fehler sind voll und ganz mir zuzuschreiben.

Meinen Töchtern Olivia und Alice danke ich für ihre unermüdlichen und geduldigen Ermunterungen, und meinem Sohn Elijah für jedes Lächeln und dafür, dass er mir jeden Tag zeigt, was wirklich wichtig ist.

Ein großes Dankeschön geht an all die Menschen, die meine Vorträge und Seminare besucht haben und mich zu diesem Buch angeregt haben.

Inhalt

1. Einleitung

Stellen Sie sich vor, Sie wachen plötzlich in einem fremden Land auf, in dem Ihnen nichts vertraut ist. Sie verstehen weder die Sprache der Menschen noch können Sie auf andere Art mit Ihnen kommunizieren. Es gelingt Ihnen trotz aller Bemühungen nicht, die Gestik und Mimik Ihrer Mitmenschen zu entschlüsseln. Sie haben also keine Möglichkeit sich effektiv mit Ihrer Umgebung auszutauschen. Stellen Sie sich vor, Sie kennen die Regeln des sozialen Miteinanders Ihrer neuen Umgebung nicht und niemand erklärt sie Ihnen. Stellen Sie sich vor, dass Sie immer mehr auffallen, immer der Außenseiter sind. Die Menschen sind zunehmend verärgert darüber, dass Sie die einfachsten Dinge nicht beherrschen. Man glaubt, Sie wollen nicht. Man denkt, Sie machen das absichtlich. Man meint, Sie provozieren. Stellen Sie sich vor, dass die Menschen nur Ihre Defizite sehen und beginnen, Sie zu meiden. Sie wollen dazugehören, aber Sie wissen nicht, wie Sie das schaffen können. Sie geraten immer mehr ins Abseits und wissen sich nicht selbst zu helfen. Wie würde es Ihnen damit gehen? Wie würden Sie sich fühlen? Was würden Sie tun? Was bräuchten Sie am dringendsten?

Ich lebe seit über 40 Jahren mit einer anderen Wahrnehmung, das heißt, die Welt präsentiert sich mir auf eine andere Art und Weise. Ich habe mich viele Jahre als einen Versager gesehen und gefühlt, weil ich mich natürlich mit den Menschen um mich herum verglich. Egal, wie sehr ich mich anstrengte, ich schaffte es nie, dieses Gefühl loszuwerden. Ich war eine Fremde, ganz gleich, wo ich hinging. Erst seit 2009 weiß ich, dass diese andere Wahrnehmung Asperger Syndrom genannt wird. Die Diagnose hat mir geholfen, meine Sicht auf mich selbst zu ändern und mir endlich auf meine Weise begegnen zu können. Im Laufe der Zeit habe ich festgestellt, dass ich sehr wohl eine Erfolgsgeschichte bin. Autismus begegnet mir aber nicht nur in Form meines eigenen Asperger Syndroms, sondern auch als der frühkindliche Autismus meines Sohnes Elijah, der im Frühjahr 2006 diagnostiziert wurde. Elijah ist wohl, was die Gesellschaft gern als „schwerer betroffen“ bezeichnet, obwohl seine Grundprobleme die gleichen wie die meinen sind. Er ist jetzt fast 10 Jahre alt, nonverbal, noch nicht sauber und kann seine Bedürfnisse nur sehr sehr begrenzt ausdrücken. Ich weiß nicht, wann er Hunger hat, ob er trinken will, Schmerzen hat oder müde ist. Ich kenne seine Lieblingsfarbe nicht, weiß nicht, ob er Regen mag, ob ihm die Hose kneift oder der Schal kratzt. Aber ich weiß, was er aushalten muss und wie viel jeder einzelne Tag von ihm wirklich abverlangt. Aber Elijah ist ein Kämpfer und der mutigste Mensch, den ich kenne. Jeden Tag stellt er sich erneut den Herausforderungen, die das Leben, welches er als ein einziges Chaos wahrnimmt, an ihn stellt.

In der Öffentlichkeit wird immer noch von Autismus-Spektrum-Störungen gesprochen, eine Wortkombination, die mir nie gefallen hat. Sie ist komplett fehl am Platz. Das Wort „Störung“ wird von der Gesellschaft sofort als sehr negativ wahrgenommen und damit auch der Autismus, wenn er als eine solche bezeichnet wird. Vergleicht man Autismus mit nicht-autistischen Wahrnehmungen, dann kann man nur zu einem Ergebnis kommen, nämlich, dass Autismus eine andere Wahrnehmung ist, aber noch lange keine falsche. Es gibt drei Elefantenarten auf der Erde und keine davon ist falsch! Innerhalb des Spektrums Mensch gibt es viele verschiedenen Wahrnehmungen, eine davon nennt man Autismus.

Zu unserer Familie gehören auch meine beiden Töchter Olivia und Alice, die nicht-autistisch sind, sich allerdings zur Zeit in der Pubertät befinden. So ganz „normal“ sind die zwei momentan also auch nicht.

Mein Lebensgefährte Hans erweitert durch sein Sein als Mann das Familien-Spektrum hervorragend. Damit diese Gemeinschaft auch funktioniert und wir alle gut miteinander auskommen können, müssen wir uns immer sehr bewusst sein, dass jeder von uns anders ist, jeder seine Wahrnehmung von der Welt hat, auf die er letztendlich reagiert.

Die Idee zu diesem Buch entstand, als nach meinen Vorträgen und Seminaren immer wieder Zuhörer auf mich zu kamen, die den Wunsch äußerten, das alles, was ich gerade erzählt hatte, noch einmal in Ruhe nachlesen zu können. Also habe ich mich hingesetzt und aufgeschrieben, was ich sonst live vortrage. Es geht mir, wie bei meinen Veranstaltungen auch bei diesem Buch, darum, mehr Verständnis für Autismus innerhalb des großen Spektrum Mensch zu schaffen. Es ist mein Versuch, meinen Autismus erklären, um so die Art und Weise wie nicht-autistische Menschen Autismus sehen und beurteilen zum Positiven zu wenden. An dieser Stelle sei gesagt, dass jeder autistische Mensch wirklich ein Unikat ist. Was dem einen hilft, kann für den anderen ein Stressor sein. Es gibt kein Universalwerkzeug, um das Leben mit Autismus einfacher zu machen.

Für jeden autistischen Menschen muss ein sehr individueller Werkzeugkoffer gepackt werden. Versuch und Irrtum war die einzige mir zur Verfügung stehende Methode, um Lösungen und Kompensationsstrategien für meine zahlreichen Probleme zu finden.
Das Buch erhebt in keiner Weise den Anspruch ein wissenschaftliches Werk zu sein, will es auch gar nicht. Ganz im Gegenteil, es möchte all diejenigen erreichen, die in ihrem Alltag mit autistischen Menschen in Berührung kommen, mit ihnen leben oder arbeiten. Es soll Ihnen die Begegnung mit Menschen ermöglichen, die sich eine Welt mit Ihnen teilen, aber diese Welt anders wahrnehmen.
Das Buch möchte erklären, warum autistische Menschen ein oftmals so anderes Verhalten zeigen, als der Rest der Welt es gewohnt ist. Es möchte zeigen, wie es dazu kommt und wie Sie mit diesem oft fordernden Verhalten besser umgehen können.
Das Buch beinhaltet und erklärt zahlreiche meiner Strategien und bietet außerdem ein A-Z der Kompensationsstrategien und Hilfsmittel an, die Sie nach Belieben kombinieren und ausprobieren können.
Ich hoffe, dass Sie sich nach der Lektüre gut gewappnet fühlen und sich der Herausforderung des Mit-Menschseins mit autistischen Menschen besser stellen können. Mit dem Verständnis für Autismus

kommt auch die Toleranz und letztendlich die Akzeptanz, die autistische Menschen am dringendsten brauchen.

Gee Vero
Frankfurt am Main 27. Juni 2014

1. 1. Das ist ja reizend – die Reizverarbeitung

Im Gegensatz zu einem Rollstuhlfahrer oder einem Blinden ist ein Autist in seiner Andersartigkeit nur an seinem Verhalten erkennbar. Leider ist es dieses Verhalten, unerwartet und oft nicht den gesellschaftlichen Regeln entsprechend, das befremdet, Unverständlichkeit und sogar Ängste hervorruft. Was diesem so anderen Verhalten vorausgeht, bleibt für die Umgebung unsichtbar. Die Reizverarbeitung und die Entstehung von Wahrnehmung, die zu Verhalten führen, sind sozusagen in einer Black Box versteckt. Wenn wir Glück haben und den Reiz kennen, dann können wir versuchen zu erahnen, wie und warum ein Mensch in einer bestimmtem Situation reagieren wird.

Zusätzlich zu den äußeren Reizen reagieren Menschen auch auf innere, also aus dem Körper kommende Reize, die für keinen anderen Menschen zugänglich sind. Bei nicht-autistischen Menschen ähneln sich die Reaktionen auf Reize und so ist es möglich, dass der eine vermuten kann wie der andere sich verhalten wird. Er nutzt dabei seine eigenen Erfahrungen, die er in einem ähnlichen Kontext gemacht hat und kann dann das Verhalten seines Gegenübers mit einer überraschenden Genauigkeit erahnen. Es kann aber auch sein, dass ein Reiz, auf den Person A intensiv reagiert, Person B richtiggehend kalt lässt. Warum ist das so? Wir leben doch alle in derselben Welt. Wir sehen, hören, schmecken, riechen, fühlen alle das Gleiche, doch wir nehmen es auf sehr unterschiedliche Art und Weise wahr. Um zu verstehen, was passiert, wenn wir Reize aufnehmen, verarbeiten und letztendlich mit Verhalten darauf reagieren, müssen wir in unser Gehirn schauen.

Jede Sekunde strömen unvorstellbar viele Reize auf uns ein und werden sofort verarbeitet. Das klingt nicht nur anstrengend, es ist es auch. Das Gehirn arbeitet hart, um die für uns wichtigen Reize herauszufiltern. In Sekundenschnelle muss entschieden werden, was Bedeutung für uns hat und was nicht. Am Ende werden uns weniger als 100 Reize bewusst. Das ist auch gut so, denn andernfalls käme es zu einer Reizüberflutung, mit der wir sehr schnell überfordert wären. Bei nicht-autistischen Menschen geht man davon aus, dass sie bis zu 95% unterbewusst agieren und nur 5-10% von allem, was auf sie einwirkt, bewusst erleben. Das funktioniert recht gut und zwar deshalb, weil sich nicht-autistische Menschen auf die in ihren Gehirnen abgespeicherten Programme richtig gut verlassen können. Viele dieser Programme (z.B. das Erlernen von Sprache) sind von Anfang an vorhanden, andere kommen erst im Laufe des Lebens dazu (Auto fahren). Zum Zeitpunkt unserer Geburt sind so viele Programme vorhanden, dass einige schon im Säuglingsalter wieder gelöscht werden, weil sie einfach überflüssig sind. So ist jeder Mensch bis zum Alter von 8 Monaten in der Lage jede Sprache dieser Erde akzentfrei sprechen zu können. Da es für die Mehrzahl von uns aber bei unserer Muttersprache Deutsch bleibt, haben andere Sprachen, wie zum Beispiel die Khoisansprachen des südlichen Afrikas mit ihren Klicklauten, keine Bedeutung für uns. Also wird dieses Programm aus dem System herausgenommen. Es wird nicht gebraucht. Bei autistischen Menschen funktioniert das nicht so gut. Viele nützliche

Programme sind entweder nicht vorhanden oder laufen nur fehlerhaft ab. Außerdem werden viele unnütze Programme in der frühen Kindheit nicht gelöscht.

Das autistische Gehirn gleicht damit einem Wirrwarr an Straßen und Wegen mit unzähligen Umleitungen und Sperrungen, in dem sich alles immer wieder ändert. Währenddessen das nicht-autistische Gehirn eher an ein wunderbar durchdachtes Straßennetz mit breiten Autobahnen erinnert, die bequem und einfach von A nach B und wieder zurück führen. Wären wir Computer, dann wären nicht-autistische Menschen wohl eher ein Apple MacBook Pro, auf dem viele tolle Programme vorinstalliert sind, die man auch wirklich braucht und die sofort und ohne Probleme laufen. Ich dagegen wäre wohl ein Laptop von Microsoft, bei dem sich auch die zugekauften Programme nicht oder nur schwer installieren lassen bzw. nicht auf Anhieb funktionieren. Das soll aber nicht heißen, dass man nicht auch neue Programme erfolgreich erstellen kann, aber es muss auf eine andere Art und Weise geschehen. Es muss viel ausprobiert und gebastelt werden oder es dauert einfach länger, bis ein Programm dann endlich läuft. Einige werden es vielleicht nie tun, andere dafür umso besser. Ein weiteres großes Problem stellt auch die Kompatibilität zwischen den beiden Computern dar, die nicht einfach zu erreichen ist, die jedoch nicht unmöglich ist. Zurück zu uns Menschen und unserer reizenden Umgebung.

Wir reagieren sowohl auf äußere als auch auf innere Reize. Äußere, aus der Umgebung stammende Reize wirken auf unsere Sinnesorgane, werden von diesen aufgenommen und weitergeleitet. Alle Reize werden dann verarbeitet und lösen letztendlich eine Reaktion aus. Es gibt Reize, auf die wir sofort reagieren, so zum Beispiel, wenn wir uns weh tun. Manchmal dauert es aber auch eine Weile, ehe eine entsprechende Reaktion erfolgt. Bei einem tropfenden Wasserhahn ist das Reizpotential anfangs einfach zu gering, erst nach einiger Zeit nehmen wir das Geräusch wahr. Das Tropfen beginnt uns zu nerven und wir reagieren. Als wichtig sei hier gleich vermerkt, dass wir nicht auf den Reiz reagieren, sondern vielmehr auf die durch ihn entstehende Wahrnehmung. Erst eine Verknüpfung unserer Sinneseindrücke und Empfindungen mit den von uns bisher gemachten Erfahrungen und Erwartungen und dem eigenen Selbst lässt diese Wahrnehmung entstehen. Um zu einer Wahrnehmung, einem Modell der Welt zu kommen, welches sinnvoll ist, zieht das Gehirn alle Informationen aus allen Sinnesorgane heran. Es gibt Situationen, in denen jeder von uns einen bestimmten Reiz sieht, hört, fühlt, schmeckt oder riecht. Dieser löst dann in jedem von uns eine Wahrnehmung aus, auf die dann eine angemessene Reaktion erfolgt.

Als Beispiel nehme ich gern das Zuspätkommen eines meiner Zuhörer bei meinen Seminaren. Anfangs ein Reiz, der sehr intensiv auf mich gewirkt hat, aber da fast immer einer zu spät kommt, habe ich mich mittlerweile gut daran gewöhnen können und kann entsprechend besser reagieren. Stellen wir uns also vor, Sie lauschen gerade interessiert meinem Vortrag, plötzlich geht die Tür auf und der „Zu-spät-Kommer“ erscheint. Jetzt haben wir unseren visuellen (wir sehen) und auch auditiven (wir hören) Reiz, der auf uns alle wirkt. Was aber als nächstes mit diesem Reiz in unserem Gegenüber passiert, bleibt uns verborgen, denn der Reiz verschwindet sozusagen in der Black Box. Wir können nur wissen, wie es uns selbst mit einem solchen Erlebnis geht, wie wir empfinden und reagieren. Bei unserem Gegenüber können wir nur versuchen, dies zu erahnen und dann auf eine Bestätigung dessen durch sein gezeigtes Verhaltens hoffen.

Ich stelle mir das Gehirn gern als ein Zahnradsystem vor. Mit jeder Reizaufnahme beginnen sich verschiedene Zahnräder zu drehen. Wahrnehmung entsteht. Ein ganz wichtiges Zahnrad ist hierbei das von mir so genannte Erfahrungs- und Erwartungs-Zahnrad. Wird ein Reiz aufgenommen, dann dreht sich dieses Rad immer mit. Das ist gut und wichtig so, denn dieses Zahnrad gibt große Sicherheit. Nicht-autistische Menschen gleichen also immer das gerade Erlebte mit schon einmal Erlebtem ab und suchen nach Gemeinsamkeiten, so dass es ihnen leichter fällt, die Situation einzuordnen und zu verstehen. Da sie von den vergangenen ähnlichen Situation nicht nur ihre eigene Reaktion kennen, sondern auch die der jeweils Anderen, können sie auch ungefähr wissen, wie ihr jetziges Gegenüber auf diese Situation und damit auch auf das von ihnen selbst gezeigte Verhalten reagieren wird. Nicht-autistische Menschen wissen aus diesem Grund auch sehr genau, welches Verhalten von ihnen erwartet wird. Genau das ermöglicht ihnen ein sozial-adäquates Handeln in einer Gesellschaft, deren Zusammenhalt nur dadurch garantiert ist, dass jeder die Regeln versteht und einhalten kann. Nur dann wird man als Mitglied dieser Gemeinschaft akzeptiert und erhält einen Platz in ihr. Der Mensch ist ein Herdentier, er kann allein nicht überleben. Jeder möchte dazugehören, angenommen werden, ein Teil des Ganzen sein. Es ist also sehr wichtig für jeden von uns, dass er in der Lage ist, der Gesellschaft genau das widerzuspiegeln, was sie sehen muss, was ihren Erwartungen entspricht. Das ist einfacher gesagt als getan, da wir nämlich nicht auf die uns umgebende Realität reagieren, sondern auf unsere Wahrnehmung dieser Realität. Unser Gehirn konstruiert ein Abbild der Realität, ein Modell, welches sehr spezifisch für jeden Menschen ist. Wahrnehmung ist und bleibt immer subjektiv. Wahrnehmung und Realität können sehr weit auseinanderliegen. Haben Sie schon einmal einen Sonnenuntergang erlebt? Ja? Sind Sie sicher? Da stimmt Ihre Wahrnehmung aber ganz und gar nicht mit der Realität überein. Die Sonne geht nämlich weder auf noch unter. Wie wir heute alle wissen, dreht sich die Erde um die Sonne. In unseren Köpfen entsteht jedoch der Eindruck, dass die Sonne jeden Abend im Westen an einem Horizont untergeht. Das ist zugegeben zwar sehr romantisch, aber es deckt sich nicht mit dem, was da wirklich passiert. Da sich aber ganz viele Menschen diese Wahrnehmung teilen, deckt sich auch das Verhalten auf diesen Reiz und, ganz wichtig, auch die Erwartungshaltung unserer Umgebung. Wären Sie jedoch der Einzige, der diese Wahrnehmung hat und Sie würden darauf bestehen, dass die Sonne auf und unter geht, dann würde sich der Rest der Menschen doch sehr über Sie wundern und Ihr Verhalten nicht verstehen. Was wäre, wenn dies häufiger geschehen würde, dass Sie so ganz anders reagieren als die Mehrheit? Vielleicht würden Ihre Mitmenschen tolerant sein und Ihr Anderssein akzeptieren. Oder aber man würde Sie aus der Gemeinschaft ausschließen, weil man Sie nicht verstehen würde. Nicht anders geht es autistischen Menschen in ihrem Alltag.

Sie nehmen nicht nur viel mehr Reize bewusst wahr als nicht-autistische Menschen, sondern reagieren auch anders, weil in ihren Gehirnen ein anderes Modell der Welt entsteht, auf das sie dann mit einem anderen, für die Umgebung unerwarteten Verhalten reagieren. Als Kind hätte ich wegen des "Zu-spät-Kommers" meinen Vortrag abgebrochen. Das würden meine Zuhörer weder erwarten noch verstehen. Heute irritiert es mich immer noch, wenn einer zu spät kommt, aber ich rede weiter. Sie hätten vielleicht nicht einmal zur Tür geschaut. Ein weiteres Beispiel. Wenn Sie das unregelmäßige Geräusch, welches manche Neonlampen machen, zwar auch hören, aber nicht bewusst wahrnehmen, dann werden Sie natürlich auch meine gestresste Reaktion darauf nicht verstehen können. Sie werden mein Verhalten vielleicht nicht einmal auf die Geräusche der Lampen zurückführen können. Wie auch, wo Ihr Gehirn doch in der Lage ist, solche für Sie in dieser Situation unwichtigen Reize korrekt zu filtern und zu verarbeiten. Nur für Sie wichtige Dinge werden Ihnen bewusst. Sie werden mein Verhalten dann nicht einordnen können und als komisch oder gar abartig empfinden. Dass es innerhalb meines Systems ein korrektes Verhalten ist, spielt keine Rolle mehr.

Obwohl Wahrnehmung subjektiv ist, scheint sich das Abbild der Realität bei nicht-autistischen Menschen doch sehr zu ähneln. Wie wäre es sonst möglich, dass sie ähnliche Reaktionen auf gleiche Reize zeigen und sich damit ein gegenseitiges Erahnen ihres Verhaltens ermöglichen. Wie kommt es zu diesem fast gleichen Verhalten? Was genau ist eigentlich Wahrnehmung?

1. 2. Wahrnehmung

Wahrnehmung ist ein komplizierter Prozess, bei dem in unserem Gehirn durch die Aufnahme und Verarbeitung von äußeren (aus der Umwelt) und inneren (aus dem Körper) Reizen ein Modell der Welt entsteht. Man könnte das Gehirn als einen Modellbauer bezeichnen, denn es erstellt außerdem auch noch ein Modell des eigenen Geistes (eigene Wünsche, Gedanken und Gefühle) und ein Modell des Geistes Anderer (Vermutungen über die mentalistischen Zustände anderer Menschen). Diese Modelle stehen im ständigen Austausch miteinander. Wenn wir zum Beispiel einem Menschen neu begegnen, der uns erzählt, er sei Lehrer, dann fließen all unsere Erfahrungen und alles bisher Gesehene und Gehörte in unsere Wahrnehmung dieses Menschen mit ein. So entstehen unter anderem auch Vorurteile, die unsere Beziehungen zu anderen Menschen schon beeinflussen, bevor wir ihnen überhaupt begegnet sind. Bei meinen Vorträgen bleibt vielleicht auch deshalb die erste Reihe fast immer komplett frei.

Wahrnehmung ist subjektiv, d.h., diese virtuelle Realität, die durch das Aufnehmen, Filtern und Verarbeiten von Reizen in unserem Hirn entsteht, unterscheidet sich von der Wahrnehmung Anderer. Sie ist spezifisch für uns. Wir können nicht wissen, wie die Wahrnehmung anderer Menschen ist, und gleichzeitig auch unsere eigene Wahrnehmung einem anderen Menschen nicht verbal erklären. Natürlich können wir ausführlich darüber reden, wie es für uns ist die Farbe Rot zu sehen oder wie es sich für uns anfühlt, in eine Zitrone zu beißen. Aber egal, wie viel wir jemals über das Gehirn wissen werden, seine Erlebnisperspektive wird uns immer verschlossen bleiben. 1974 publizierte der amerikanische Philosoph Thomas Nagel dazu einen Aufsatz mit dem Titel „What is it like to be a bat?“ (Wie ist es eine Fledermaus zu sein?). In diesem schreibt er, dass auch dann, wenn wir genau wissen, was im Gehirn einer Fledermaus vorgeht, wenn wir verstehen, wie sie mithilfe des Echolots Gegenstände wahrnehmen kann, wenn wir all das erklären und verstehen können, dann wissen wir dennoch nicht, wie es sich für die Fledermaus anfühlt, eben diese Wahrnehmung zu haben. Wir können die größten Fledermaus-Experten werden, und doch werden wir nie wissen, wie es ist, eine Fledermaus zu sein. Genau so ist es auch mit der autistischen Wahrnehmung. Es gibt sehr viele Autismus-Experten, die sicher viel über die neurologischen Vorgänge in autistischen Gehirnen wissen und diese auch ausgezeichnet erklären können. Sie kennen die Hirnareale, die bei Autismus betroffen sind, und was das bedeutet, aber keiner von ihnen wird je wissen, wie sich das anfühlt, autistisch zu sein. Auch ich kann nur den Versuch unternehmen, Ihnen zu erklären, wie es für mich ist mit meinem Autismus zu leben.

Autismus ist keine Wahrnehmungsstörung und auch keine falsche, sondern eine andere Wahrnehmung. Leider können wir uns verbal nicht über unsere Wahrnehmungen austauschen. Dazu bräuchte es eine Art neuronales Kabel, mit dem wir zwei Gehirne verbinden könnten. Dann hätten wir den gewünschten Aha-Effekt, erst dann wüssten wir, wie es sich für Barack Obama anfühlt, Barack Obama zu sein. Bei nicht-autistischen Menschen ist es wohl so, dass sich die Wahrnehmungen sehr ähnlich sind, so dass es möglich ist, von sich auch auf andere zu schließen. Aber bitte vergessen Sie nicht, dies geschieht auf der Basis der Annahme, nicht des Wissens. Die Wahrnehmung nicht-autistischer Menschen bleibt mir genauso verborgen, wie nicht-autistischen Menschen meine Wahrnehmung verborgen bleibt, nur dass Ihnen das nicht so bewusst ist wie mir. Nicht-autistische Menschen gehen in der Regel davon aus, dass die Wahrnehmung ihrer Mitmenschen der eigenen sehr ähnlich ist. Genau deshalb wissen Sie schon vorher, wie ein Mensch reagieren wird, wenn er in eine Zitrone beißt. Sie können sich gut vorstellen, wie es sich für einen anderen Menschen anfühlt, wenn er lacht oder weint und auch warum er es tut. Die Fähigkeit, sich in sein Gegenüber hineinversetzen zu können, ist die Grundvoraussetzung, um in einer Gesellschaft leben zu können, und bildet meiner Meinung nach auch die Basis jeder Gesellschaft. Diese Wunderwaffe wird Theory of Mind (Modell des Geistes Anderer) genannt. ToM zu haben bedeutet, zu wissen, dass andere Menschen mentalistische Zustände wie Gefühle, Wünsche, Ideen, Erwartungen, Absichten und Ansichten haben und sich diese vorstellen zu können, sowohl in der eigenen Person als auch im Gegenüber. Man versetzt sich in den Anderen hinein und stellt sich vor, wie es für ihn ist, wenn er Dinge sieht, schmeckt, fühlt, hört, sagt oder tut, indem man dies mit dem eigenen Empfinden und Verhalten in ähnlichen Situationen vergleicht. Da uns das Empfinden, also die Wahrnehmung jedoch verborgen bleibt, ist es das Verhalten, welches wir hauptsächlich als Vergleichsgegenstand heranziehen müssen. Theory of Mind ist immer nur eine Annahme, eine Vermutung. Nur von mir selber kann ich wissen, was ich wann, wie und warum denke, fühle und tue und wie es mir dabei geht! Im Zusammenleben von autistischen und nicht-autistischen Menschen zeigt sich, dass die Fähigkeit zur Theory of Mind und deren Anwendung in dieser Gemeinschaft zu großen Problemen führen kann und den nicht-autistischen Menschen oftmals ratlos und kopfschüttelnd zurücklässt. Solche Erfahrungen, vor allem dann, wenn nicht bekannt ist, dass der Andere Autist ist und was das eigentlich bedeutet, führen unweigerlich zu Unverständnis und letztendlich zu Ablehnung. Diese Erfahrung machen autistische Menschen aber auch dann noch, wenn der Umgebung ihr Autismus bekannt ist. Autistische Menschen reagieren oftmals anders als das Gegenüber es aufgrund seiner ToM Fähigkeit erwartet und es kommt zu großen Schwierigkeiten in der Interaktion. Man kann sagen ToM funktioniert im Umgang mit autistischen Menschen nicht gut, bis überhaupt nicht. Abstellen können nicht-autistische Menschen die ToM nicht, aber sie müssen sich im Umgang mit autistischen Menschen bewusst werden, dass ihre Erwartungshaltung, die sie aufgrund von gemachten Erfahrungen und Erinnerungen haben, hier nicht befriedigt werden wird und es zu einem von ihnen unerwartetem Verhalten kommen kann. Das Modell der Welt im Kopf eines autistischen Menschen ist ein völlig anderes, während sich das in den Köpfen nicht-autistischer Menschen sehr ähnlich ist. Das nicht-autistische Modell der Welt ist wie eine Art Serienproduktion und das autistische fast immer ein Einzelstück oder zumindest eine streng limitierte Auflage. Ich denke, dass die Menschen sich mittlerweile zu sehr auf diese ToM Fähigkeit verlassen, zu wenig schauen, fragen, nachdenken und allzu oft ihre

Wahrnehmung nicht mehr als subjektiv empfinden. Vielleicht gibt es deshalb autistische Menschen? Um uns alle daran zu erinnern, dass wir Empfindungen haben, die sich von denen anderer unterscheiden, was uns ja letztendlich zu den Individuen macht, die wir ja auch sein wollen.

Zum Abschluss dieses Kapitels noch ein Beispiel zu Wahrnehmung versus Realität. Stellen Sie sich einen Bauchredner vor. Wir alle wissen, wie Sprache entsteht und wie gesprochen wird. Wir wissen auch, dass es nicht die Puppe, sondern der Bauchredner ist, der uns mit seinen Worten zum Lachen bringt (Realität). Dennoch entsteht bei uns der Eindruck, als würde die Puppe sprechen (Wahrnehmung). Warum ist das so? Das Gehirn beruft sich auf bisher gemachte Erfahrungen und vorhandenes Wissen. Außerdem dominiert der Sehsinn über den Hörsinn. Wir sehen: eine Puppe mit meist übergroßem Mund, der sich bewegt. Wir hören eine Stimme, zu der die gesehenen Mundbewegungen passen. Unser Gehirn kommt zu dem Schluss, dass Mundbewegung und Gesprochenes zusammengehören. Die Erfahrung hat das immer wieder gezeigt. Eine andere Sichtweise ergibt keinen Sinn. In dem Modell der Welt, welches in unserem Kopf entsteht, spricht die Puppe. Wenn der Bauchredner dazu auch noch die Stimme ändert, wenn die Puppe spricht und sich selbst eher grau und einfach kleidet, die Puppe aber bunt und leuchtend ist, wird dieser Eindruck noch verstärkt und wir geben uns dem auch willentlich hin.

1.3. Verhalten

Um besser zu verstehen, wie es zu Verhalten kommt, schauen wir uns die Reizverarbeitung noch einmal im Gehirn näher an. Nehmen wir dazu mein Zahnradmodell. Sobald ein Reiz eintrifft, beginnen sich die Zahnräder zu drehen und das gesamte System setzt sich in Bewegung. Es entsteht Wahrnehmung, ein Abbild der Welt. Das Zahnrad „Wahrnehmung" ist ganz eng mit einem anderen Zahnrad verbunden, nämlich dem „Erfahrungs- und Erwartungszahnrad". Alles was wir erleben, speichern wir ab. Alles bisher Erlebte, Gesehene, Gehörte, Gefühlte färbt unsere Wahrnehmung, das heißt beeinflusst das in unserem Kopf entstehende Modell der Welt. Nicht zu unterschätzen ist auch die Rolle der Medien in diesem Prozess, denn auch was wir „nur" im Fernsehen sehen oder in der Zeitung lesen, speichern wir ab. Das Unterbewusstsein kann nicht zwischen Bild und Wirklichkeit unterscheiden, weswegen wir auch im Kino vor Dinosauriern Angst haben, obwohl wir wissen, dass es diese nicht gibt. Alles, was um uns herum passiert, formt unsere Wahrnehmung der Welt. Viele der Reize nehmen wir nur unterbewusst wahr, aber auch diese beeinflussen am Ende unser Verhalten. Das „Erfahrung-und Erwartungszahnrad" ist enorm wichtig für unsere Orientierung innerhalb der Gesellschaft, denn es ermöglicht den Zugriff auf bisher Erlebtes und ein Wiedererkennen von Situationen. Dies bedeutet Sicherheit, denn was wir schon einmal erlebt haben, ist uns vertraut. Wir wissen, wie wir am besten reagieren sollten, und wir können bis zu einem gewissen

Grad auch vorhersehen, wie unsere unmittelbare Umgebung reagieren wird. Das gibt uns die Möglichkeit, die Konsequenzen unseres Handelns abschätzen zu können, gegebenenfalls unser Verhalten zu ändern und damit letztendlich auch die Konsequenzen zu beeinflussen. Wir können zielgerichtet handeln. Erst wenn wir die Erwartungshaltung des Gegenübers kennen und die sozialen Regeln beherrschen, können wir uns sozial adäquat verhalten und damit die Bedingungen erfüllen, die uns einen Platz innerhalb der Gesellschaft sichern. Das „Erfahrungs- und Erwartungszahnrad" hat allerdings auch einen entscheidenden Nachteil. Indem es sich immer mitdreht, wenn ein Reiz eingeht und Wahrnehmung entsteht, führt es oftmals zur Entstehung von Vorurteilen. Sie können sich da selbst einmal kontrollieren, wie oft sie ablehnend reagieren, wenn Ihnen von einem Menschen erzählt wird, der vielleicht den gleichen Namen oder Beruf hat oder aus derselben Stadt stammt wie ein anderer Mensch, mit dem sie schon einen schlechte Erfahrung gemacht haben. Die wenigsten Lehrer werden Hurra rufen, wenn sie hören, dass sie im nächsten Schuljahr einen Autisten in ihrer Klasse haben werden. Und das auch dann, wenn sie noch nie einen hatten. Wer denkt bei dem Wort Autismus nicht sofort an Rain Man. Wir sind und werden ständig geprägt, weshalb wir kritischer sein sollten, mit dem, was wir selbst über die Medien aufnehmen und was unsere Kinder konsumieren.

Bei autistischen Menschen gibt es Probleme mit beiden Zahnrädern. Das Wahrnehmungszahnrad dreht sich mehr oder schneller, da die bewusste Wahrnehmung sehr viel höher ist als bei nicht-autistischen Menschen. Das Erfahrungs- und Erwartungszahnrad dreht sich weniger, zu langsam bzw. kommt häufig mal zum Stocken. Mir fällt es sehr schwer, Situationen und Dinge wiederzuerkennen. Nur ganz selten habe ich das Gefühl, dass ich mich schon einmal in einer ähnlichen Situation befunden habe, und kann diese Erfahrung nutzen. Ich mache natürlich auch Erfahrungen, aber ich scheine sie anders abzuspeichern. Auch beim Abrufen der Erinnerungen gibt es einige Probleme. Ich nehme eher die Unterschiede wahr, was dazu führt, dass sich das Ganze als etwas völlig Neues präsentiert, dem ich dann ziemlich hilflos gegenüberstehe. Als Kind habe ich dann oftmals Bemerkungen gehört wie „Das haben wir doch nun schon hundertmal gehabt" oder „Gestern ging es doch auch". Aber gestern war gestern. Und gestern war es anders. Sobald etwas anders ist, ist es nicht mehr dasselbe, sondern neu. Neue Situationen bedeuten eine potenzielle Gefahr. Außerdem überfordern sie mich, ich verbrauche mehr Energie, weil jetzt alles auf der bewussten Ebene ablaufen muss. Diese Energie fehlt mir dann anderswo. Nicht-autistische Menschen können sich hier auf Programme verlassen, die sicher im Unterbewusstsein abgelegt sind und auf die sie jederzeit, ohne sich dafür anstrengen zu müssen, zugreifen können, ohne sich das bewusst machen zu müssen. Sie sehen, wie wichtig es ist, die Gemeinsamkeiten zu erkennen, damit wir uns sicher fühlen können und wissen, wie wir in einer bestimmten Situation am besten reagieren sollten. Dabei geht es um unser Wohlsein genauso wie um das der Anderen. Als Vorteil oder Potential möchte ich bei dem autistischen Erfahrungs- und Erwartungszahnrad sagen, dass es durch seine andere Funktionsweise des Entstehens von Vorurteilen stark eingeschränkt ist und viele autistische Menschen dadurch vielleicht unbefangener auf andere Menschen zugehen können.

Das nächste Zahnrad, das Emotionszahnrad, dreht sich bei autistischen Menschen wahrscheinlich die ganze Zeit und viel schneller, als eigentlich geplant. Bei allen Menschen ist es so, dass immer eine emotionale Bewertung stattfindet. Darauf haben wir nur ganz wenig Einfluss, da dies im Unterbewusstsein stattfindet. Die emotionale Bewertung ist wichtig und erfolgt hinsichtlich der Frage, ob etwas für uns gefährlich ist oder nicht. Es ist eine Art eingebaute Alarmanlage, ohne die wir nicht überleben könnten. Wie wenig sich dieses Zahnrad von bewusstem Denken und Rationalität beeinflussen lässt, hat Charles Darwin einmal in einem Experiment mit einer Puffotter nachhaltig bewiesen. Die Schlange, die sich hinter einer dicken Glasscheibe befand, hat ihn immer wieder angegriffen, wenn er sein Gesicht an die Scheibe gedrückt hat. Und er, Darwin, ist immer wieder zurück gezuckt, obwohl er wusste (bewusste Ebene), dass ihm aufgrund der Glasscheibe nichts passieren kann. Es ist also fast unmöglich, ein Verhalten zu unterdrücken, welches ausgelöst wird, weil unser Unterbewusstsein meint, wir seien in Gefahr.

Nun ist es bei autistischen Menschen so, dass das unterbewusste System viel häufiger Gefahr meldet als es nötig wäre. Das Emotionszahnrad dreht und dreht sich...und bewertet dabei ungefährliche Reize falsch. Das führt dazu, dass ein Verhalten ausgelöst wird, was die unmittelbare Umgebung verwirrt, weil deren Erfahrungs- und Erwartungszahnrad sich anders dreht und ihnen ganz.

andere Richtlinien hinsichtlich adäquaten Verhaltens vorgibt. So kommt es leicht zu den Konflikten zwischen autistischen und nicht-autistischen Menschen. Erschwerend kommt hinzu, dass wir sehr leicht und schnell vergessen, das Wahrnehmung subjektiv ist und für jeden von uns ein sehr individuelles Abbild der Realität im Hirn der Ausgangspunkt für unser Verhalten ist. Da die Erfahrungs- und Erwartungszahnräder der nicht-autistischen Menschen anscheinend sehr ähnlich arbeiten und auch das Emotionszahnrad seinen Job außerordentlich gut macht, kommt am Ende nicht nur ein sehr ähnliches, sondern auch ein sozial adäquates Verhalten heraus, auf das sich die Menschen im Umgang miteinander verlassen können. Sie können mit hoher Genauigkeit vermuten, wie ein anderer Mensch in einer bestimmten Situation reagieren wird. Sie können zum Teil vorhersagen, was ein Mensch als nächstes tun wird und wissen auch warum. Diese Fähigkeit des In-einen-anderen-Mensch-hineinversetzen-Könnens (eine Vorstellung vom Geist des Anderen haben) ist Ihr Sicherheitsnetz. Wenn Sie ein Seiltänzer wären, dann würde das Wissen um dieses Netz sie ganz anders auf dem Seil laufen lassen, als es ein Mensch tun würde, der dieses Netz nicht hat. Und genau dieses Sicherheitsnetz fehlt autistische Menschen. Ich muss mir andere Strukturen suchen, die mir das Gefühl geben, in dem Chaos, als das sich die Welt darstellt, nicht unterzugehen. Dies sind ganz unterschiedliche Dinge, die eins gemeinsam haben. Sie sind nicht veränderbar, z.B. Mathematik, Grammatik, griechische Mythologie, Straßen- oder Eisenbahn-Streckennetze, Gullydeckel, Hausnummern, Schaltjahre oder wie bei mir die ewige Suche nach der Zahl 208.

2. Der Blick ins Gehirn

Wahrnehmung entsteht im Gehirn. Damit beginnt auch Autismus im Gehirn. Wir kommen also nicht drumherum, uns intensiv mit unserem Denkorgan zu beschäftigen. Es ist bekannt, dass das menschliche Gehirn eine sehr komplizierter Apparat ist, den momentan auch kein Mensch in seiner Gänze wirklich verstehen und somit auch erklären kann. Bei unserem Versuch, Autismus zu verstehen, kommt es darauf auch nicht an. Es ist erwiesen, dass autistische Menschen viele neurologische Besonderheiten aufweisen, von denen die meisten bis auf Weiteres noch unerklärt bleiben müssen. Um Ihnen die wichtigsten neurologischen Vorgänge bei der Reizverarbeitung und der Entstehung von Wahrnehmung und letztendlich Verhalten besser erklären zu können, möchte ich Sie bitten, sich das Gehirn als eine Firma vorstellen.

Willkommen bei der Gehirn GmbH. Wie in jeder Firma gibt es auch bei unserer Gehirn GmbH eine Hierarchie. Es gibt viele Angestellte (*Neuronen*) in verschiedenen Abteilungen (*Hirnarealen*), die einen reibungslosen Arbeitsalltag (*Reizverarbeitung*) gewährleisten müssen. Weiterhin gibt es eine Chefetage (*Unterbewusstsein*), wo alle Entscheidungen getroffen werden, die das Überleben der Firma sicherstellen. Es gibt auch eine Gruppe von Experten (*Bewusstsein*), die bei Problemen (*neue Anforderungen, Lernaufgaben*) hinzugezogen werden kann. Der Zugriff auf diesen Beraterstab kostet die Firma allerdings Geld (*Energie und Zeit*), weshalb die Chefetage diese Möglichkeit nur als Notlösung sieht. Es gibt eine Rezeption

(Reizfilterung) und am Ende natürlich auch ein Produkt (Verhalten). In diversen Archiven (*Gedächtnissen*) wird alles aufbewahrt, was vielleicht irgendwann noch einmal von Nutzen sein könnte. All diese Instanzen arbeiten eng zusammen und befinden sich im ständigen Kontakt miteinander (*neuronales Netz*) , um so den Erfolg der Firma auf dem Wirtschaftsmarkt (*Gesellschaft*) zu garantieren. Es ist sehr wichtig, dass unsere Firma effektiv arbeitet und mit den Rohstoffen (*Energie*) sorgsam umgeht, damit es am Ende ein begehrtes Produkt (*sozial adäquates Verhalten*) gibt. Denn ohne Abnehmer lohnt sich die Herstellung des Produktes nicht. Der Konkurrenzkampf ist groß, denn es gibt weltweit über 7 Billionen solcher Firmen, die alle um Marktanteile kämpfen. Und jeden Tag gibt es 200.000 Neugründungen. Wer das entsprechende Produkt nicht liefern kann, ist ganz schnell draußen. Das Gehirn arbeitet die meiste Zeit in den unterbewussten Arealen, da dies hinsichtlich des Energieverbrauchs am effektivsten ist. Unser Gehirn macht durchschnittlich nur 2% unseres Körpergewichtes aus, verbraucht aber satte 20% der zur Verfügung stehenden Energie. Da es keine Energievorräte anlegen kann, muss es sparsam damit umgehen. Nur wenn es vor neue Aufgaben gestellt wird oder wenn Probleme auftreten, zieht es den oben erwähnten Beraterstab hinzu. Erst dann wird uns bewusst, um was es gerade geht. Dieser Notfall-Plan wird, wie schon erwähnt, nur ca. 5-10% der Zeit genutzt. Bis zu 95% agiert ein Mensch unterbewusst, im Energie-Spar-Modus. Alle für uns notwendigen Programme sind im Unterbewusstsein gespeichert und laufen die meiste Zeit auch reibungslos ab. Jedes neue Programm erfordert am

Anfang ein bewusstes Agieren. Das bewusste Denken ist zwar korrekter, aber auch sehr langsam und es verbraucht eine Menge Energie, die das Gehirn oft von anderswo abziehen muss.

Stellen Sie sich vor, Sie gehen spazieren und plötzlich konfrontiert Sie Ihr Gesprächspartner mit einem Problem, einer schwierigen Frage oder einer Matheaufgabe. Sie werden feststellen, dass Sie daraufhin Ihre Schrittgeschwindigkeit entweder verringern oder sogar ganz stehenbleiben. Denn jetzt ist Ihr bewusstes Denken gefragt und die Energie fürs Laufen wird nun für die Bearbeitung und Lösung des aufgetretenen Problems benötigt. Das Gehirn ist sehr egoistisch. Es holt sich die Energie, die es braucht, ohne groß nachzufragen. Wenn Sie wollen, können wir das gleich einmal ausprobieren. Dazu müssten Sie jetzt mit dem Buch in der Hand einen kleinen Spaziergang machen. Ich präsentiere Ihnen nun folgende Aufgabe: Ein Schläger und ein Ball kosten zusammen 1,10 €. Wie viel kostet der Ball? Das war zwar sehr schnell, aber 10 Cent ist nicht richtig (trotzdem, liebe Grüße an Ihr Unterbewusstsein). Sind Sie schon stehen geblieben? Jetzt geht der Hilferuf der Chefetage hoch zum Expertenteam. Das strengt ganz schön an oder? Nein, wirklich, der Ball kostet nicht 10 Cent. Kein Aber! Haben Sie sich schon einen Zettel und einen Stift besorgt? Bewusstes Denken ist anstrengend. Ich hoffe, Sie haben heute nicht mehr viel vor. Sie verbrauchen nämlich gerade sehr viel Ihrer kostbaren Energie. Soll ich Sie erlösen? Die Lösung befindet sich im Nachwort. Bis gleich!

Willkommen zurück. Diese Aufgabe sollte Ihnen einerseits verdeutlichen, wie schnell Ihr Unterbewusstsein agiert und dass es auch Fehler macht. Andererseits haben Sie gespürt, wie anstrengend und langsam bewusstes Denken ist. Aber es führt zur korrekten Lösung. Da das Gehirn gezwungen ist Energie und auch Zeit zu sparen, um effektiv arbeiten können, nimmt es wohl den einen oder anderen Fehler in Kauf. Als Notlösung ist das bewusste Denken ja immer verfügbar. Wenn wir also bei autistischen Menschen von einer viel höheren bewussten Wahrnehmung ausgehen, dann erklärt dies einerseits, warum es mir mitunter plötzlich so schwer fällt, Dinge zu tun, die ich eigentlich kann und auch schon oft erfolgreich getan habe. Mir fehlt einfach die Energie. Gleichzeitig ist die erhöhte bewusste Wahrnehmung aber auch ein enormes Potenzial. Nicht nur deshalb, weil sich Autisten viele Details merken können, sondern auch, weil sie zwar langsamer, aber viel öfter zu einem korrekten Ergebnis kommen. Vielleicht erklärt das, warum es Kindern mit Asperger Syndrom nicht schwer fällt den schulischen Anforderungen hinsichtlich Leistung zu entsprechen. Die Probleme liegen bei diesen Kindern immer im Sozialverhalten und in der Kommunikation.

Aber was passiert eigentlich in einem autistischen Gehirn, in der Hirn & Co. Kg? Wie bei der Gehirn GmbH gibt es natürlich auch eine Hierarchie, dass heißt, es gibt auch hier viele Angestellte (*Neuronen*) in verschiedenen Abteilungen (*Hirnarealen*), die ebenso versuchen einen reibungslosen Arbeitsalltag (*Reizverarbeitung*) zu gewährleisten. Es gibt auch eine Chefetage (*Unterbewusstsein*), wo alle Entscheidungen getroffen werden, die die Firma absichern. Und es gibt die Gruppe von Experten (*Bewusstsein*), die bei Problemen (*neue Anforderungen, Lernaufgaben*) hinzugezogen werden können. Dieser Beraterstab wird bei der Hirn & Co. Kg viel mehr hinzugezogen als bei der Gehirn GmbH. Da dieser Zugriff die Hirn & Co Kg viel Geld (*Energie und Zeit*) kostet, fehlt dieses dann irgendwann anderswo. Es gibt eine Rezeption (*Reizfilterung*), die allerdings nicht effektiv arbeitet, dass heißt, Probleme hat, Unwichtiges zu erkennen und auszusortieren. Die Chefetage wird ständig überlastet und wendet sich deshalb noch häufiger an das Experten-Team. Die Archive (*Gedächtnisse)* sind nicht zugängig und schlecht sortiert, so dass es oft nicht möglich ist, auf schon Erlebtes zurückgreifen zu können. *Geldprobleme* (*Energiemangel*) und fehlerhafte Produktion sind vorprogrammiert. Am Ende entsteht dann ein Produkt (*Verhalten*), welches sich auf dem Markt jedoch nicht wirklich behaupten kann, da es dessen Anforderungen nicht entspricht. Es gibt derzeit ca. 67 Millionen solcher Firmen wie die Hirn & Co. Kg. Doch einige der Produkte dieser Firmen scheinen auf den ersten Blick gar nicht so fehlerhaft zu sein, sie behaupten sich sogar sehr gut auf den Märkten. Woran kann das liegen? Offensichtlich wird innerhalb mancher Firmen erkannt, dass es Probleme gibt, und es wird versucht gut zu kompensieren. Man hat nicht nur die Problemzonen erkannt, sondern nutzt Potenziale, um Defizite geschickt auszugleichen. Potenziale vor den Defiziten sehen und im Umkehrschluss Defizite als Potenziale erkennen, genau das gilt es bei Autismus zu tun.

Übrigens, wie gut Ihre unterbewusste Software funktioniert, beweisen immer wieder Schlafwandler. Selbst Auto fahren ist für viele von

Ihnen überhaupt kein Problem. Lassen Sie mich das unterbewusste Denken und Handeln im nächsten Kapitel an einem konkreten Beispiel näher erklären.

2.1. Unterbewusstes Denken und Handeln

Das Arbeiten und Funktionieren auf dem unterbewussten Level ist aufgrund des geringen Energieverbrauches der Idealzustand für unser Gehirn. In diesem Zustand fühlt es sich wohl. So atmen, schlucken, blinzeln und niesen wir unterbewusst. Dies haben wir nicht einmal erlernen müssen, es ist uns angeboren und dient unserem Überleben. Man nennt solche unterbewusst ablaufenden Handlungen auch Reflexe. Wir können sie uns bewusst machen und oftmals werden sie es uns auch in dem Moment, in dem wir darüber sprechen. Merken Sie jetzt, wie oft Sie blinzeln oder ein-und ausatmen? Keine Angst, das geht wieder weg. Aber wir laufen, sitzen und sprechen auch unterbewusst. „Aber ich weiß doch, was ich sage", werden jetzt einige von Ihnen denken. Ja, das schon, aber überlegen Sie sich bei jedem Satz wirklich bewusst, welches Wort Sie als nächstes verwenden wollen? Machen Sie sich Gedanken über Zeitformen und Satzgliedstellung? Über Intonation und Sprechgeschwindigkeit? Nicht, wenn Sie sich in Ihrer Muttersprache unterhalten. Bei Fremdsprachen ist es anders, aber da sind wir dann auch schon wieder beim bewussten Denken und Handeln...da wird es wieder schwierig, stimmt´s?

Ein gutes Beispiel für unterbewusstes Handeln ist das Autofahren. Eine komplizierte Maschine, die ein Auto ist, nicht nur fahren, sondern sich gleichzeitig im Straßenverkehr orientieren und richtig verhalten, in Sekundenschnelle Entscheidungen treffen und dabei noch Radio hören, telefonieren, über den Tag nachdenken, den Einkauf planen oder sich über den Fahrer vor Ihnen wundern? Wow, ich, als

Nichtautofahrer bewundere Sie wirklich. Aber Sie schaffen das alles mit Leichtigkeit. Wie nur? Ganz einfach, Ihr Unterbewusstsein fährt Sie nach Hause. Das Programm „Autofahren“ springt an, wenn Sie in Ihr Auto einsteigen, nein stopp, auch den Schlüssel holen Sie oft schon unterbewusst aus der Tasche, nur wenn Sie ihn nicht finden, beginnt das große (bewusste) Suchen (bei dem Sie stehen bleiben). Sie müssen sich über das Autofahren keine Sorgen machen, nicht überlegen, was Sie als Erstes tun müssen und wie dies oder jenes funktioniert. Auch wenn Sie einen Leihwagen fahren, kein Problem, das Programm läuft. Aber erinnern Sie sich doch bitte noch einmal an Ihre allererste Fahrstunde. Da war es anders, stimmt´s? Das hat schon Kraft und Energie gekostet. Und kam es Ihnen nicht auch so vor, als müssten Sie alles auf einmal machen? Gas geben, schalten, lenken, in den Spiegel schauen, Tacho im Auge behalten und auch den Verkehr. Dazu Schilder beachten und dem Fahrlehrer zuhören. Hatten Sie da nicht auch das Gefühl, das schaffen Sie nie? Und hinterher? Da waren Sie doch sicher völlig erledigt? So viel Neues, so viel zu beachten, so viel ungewohnt? Aber irgendwann änderte sich das und das Programm begann zu laufen. Dann wurde es im Unterbewusstsein abgespeichert und ist nun abrufbar. Sie haben jederzeit freien Zugriff darauf. Wunderbar. So soll es sein. Genau so funktioniert das Energie-Spar-Programm unseres Gehirns.

Lassen Sie mich das an einem weiteren Beispiel erläutern. Stellen wir uns vor, wir wollen gemeinsam mit dem Zug von Leipzig nach Essen fahren. Wir stehen auf dem Bahnsteig und unterhalten uns, während wir auf unseren Zug warten. Um uns herum sind viele andere Menschen, unzählige Geräusche und Bewegungen und natürlich gibt es auch immer wieder Lautsprecherdurchsagen. Eine dieser Ansagen teilt mit, dass der 9:51 Uhr ICE nach Berlin heute nicht vom Bahnsteig 11, sondern von Bahnsteig 9 abfährt. Kurz darauf kommt ein älterer Herr auf uns zu und erkundigt sich genau nach diesem Zug. Wo der denn jetzt abfahre, will er von uns wissen. Sie schütteln sofort den Kopf, entschuldigen sich und antworten, dass Sie das leider nicht gehört haben. Stopp!. Gehört haben Sie es schon, aber Sie können die Information nicht mehr abrufen. Was passiert ist? Ihr Gehirn hat diese Information als unwichtig bewertet und weggefiltert, denn die Gleisänderung für den 9:51 Uhr ICE nach Berlin betrifft uns nicht. Das Experten-Team (Bewusstsein) muss hier nicht involviert werden. Denken Sie daran, das Gehirn muss Energie sparen. Jetzt hilft Ihnen Ihr Erfahrungs- und Erwartungszahnrad, denn ähnliche Situationen haben Sie schon oft erlebt und wissen deshalb, was Sie hier tun müssen. Nämlich gar nichts. Sie zeigen sozial adäquates Verhalten gegenüber dem ratlosen Herrn, indem Sie ihm mitteilen, dass Sie ihm mit dieser Information leider nicht helfen können. Sie sagen, dass Sie sie nicht gehört haben. Dies ist sozial adäquat, aber korrekt wäre es zu sagen, dass Sie die Information gehört, aber nicht wahrgenommen haben. Schauen wir, was da wirklich in Ihrem Gehirn passiert. Der auditive Reiz (Lautsprecherdurchsage) kommt im Unterbewusstsein beim Thalamus an. Der Thalamus ist eine Hirnregion im Limbischen System, der wie ein Filter agiert. Willkommen bei der Rezeption oder dem Pförtner unserer Gehirn GmbH. Er stellt die Frage, was ist in diesem Moment für uns wichtig, und trifft dann die Entscheidung, ob Informationen an den Cortex weitergeleitet und uns damit bewusst werden sollen. Man nennt den Thalamus deshalb auch unser „Tor zum Bewusstsein". Er ist in ständiger Verbindung mit vielen anderen Hirnarealen, von denen er Informationen bezieht, die bei seiner Entscheidungsfindung notwendig sind. In unserem Fall entscheidet er sich gegen ein Involvieren des Cortex, da die Information über den ICE nach Berlin für uns bezogen auf die Gesamtsituation, unwichtig ist. Deshalb wird Ihnen die gehörte Information nicht bewusst und Sie können sie auch nicht wiedergeben. Der Thalamus hat auch eine wichtige Schutzfunktion. Indem er die Informationen vorsortiert, trennt er Wichtiges von Unwichtigem, welches nur zur Überlastung des Systems führen würde. Der Thalamus leitet die Information nach seiner Vorbewertung sofort an die Amygdala weiter. Das ist ein Hirnareal, das auch Teil des Limbischen Systems ist und eine wichtige Rolle bei der emotionalen Bewertung von allem Erlebten spielt. Die Amygdala bekommt die Informationen vom Thalamus enorm schnell, bis zu 7 Sekunden, bevor uns, wenn überhaupt, etwas bewusst wird. Die Amygdala, auch Mandelkern genannt, reagiert unheimlich schnell. Ich vergleiche die Informationsübertragung von Thalamus zu Amygdala gern mit einer SMS, weil auch diese schnell ist, aber die Informationsfülle doch begrenzt. Die Amygdala ist zwar sofort im Bilde, aber die Informationen sind sehr grob und oft eben auch fehlerhaft. In unserer Hirn GmbH ist die Amygdala der Wachdienst oder eine hochsensible Alarmanlage, ohne die die Firma nicht sicher wäre. Sie stellt die Frage, ob es gefährlich ist. Ohne Amygdala wären wir nicht lebensfähig. Sie warnt und beschützt uns. Auch sie tauscht sich mit anderen Hirnarealen aus, so zum Beispiel mit dem Hippocampus, der vor allem an der Gedächtnisbildung beteiligt ist und in unserer Firma eines der Archive darstellt. Er stellt zwei Fragen: 1. Kennen wir das? Und 2. Brauchen wir das? In unserem Fall wird der Hippocampus auf Erinnerungen an ähnliche Situationen zurückgreifen können und beantwortet deshalb die erste Frage klar und deutlich mit einem Ja. Das kennen wir. Sollte er etwas nicht kennen, würde er es nun abspeichern, um später darauf zurückgreifen zu können. Die Amygdala entscheidet, dass die Situation nicht gefährlich ist, und damit ist das Problem auch schon geklärt. Sie waren an all diesen Vorgängen bewusst überhaupt nicht involviert. Sie können dem älteren Herrn zwar nicht helfen, aber Ihr System ist zufrieden. Da Sie so etwas schon häufig erlebt haben, wissen Sie, was zu tun ist. Sie wissen genau, was man von Ihnen erwartet. Das gibt Ihnen Sicherheit und lässt Sie gelassen agieren. Sie schicken den alten Mann mit einem bedauernden Lächeln zur DB Info und damit ist der Fall für Sie erledigt. So, jetzt wissen Sie, warum Sie in solchen Situationen nicht mit der gefragten Information dienen können. Ich hoffe nur, Sie geraten das nächste Mal nicht in Versuchung, dem Ratsuchenden die neuronalen Vorgänge bei der Verarbeitung eines unbewussten Reizes zu erklären. Sagen Sie einfach weiterhin: „Oh, tut mir leid, das hab ich nicht gehört."

2.2. Bewusstes Denken und Handeln

Das bewusste Denken ist, wie gesagt, wesentlich anstrengender und langsamer als unterbewusstes Denken. Es verstößt gegen die Richtlinien des Spar-Programms unseres Gehirns, weil es einen höheren Energieaufwand einfordert. Deshalb gilt, bewusstes Denken nur dann, wenn es nicht anders geht, nur wenn es sein muss. Ein Vorteil des bewussten Denkens ist allerdings die höhere Erfolgsquote bei den Ergebnissen. Ich erinnere Sie nur an den Schläger und den Ball, die zusammen € 1,10 kosten. Das unterbewusste Denken war zwar schnell und hat Sie nicht sonderlich angestrengt, aber im Hinblick auf Lösung hat es nicht funktioniert. Sie hätten mir den Ball für 10 Cent abgekauft. Die bewusste Lösungssuche hat Sie doch einiges an Kraft gekostet. Energie, die Ihrem Gehirn heute noch fehlen wird. Aber es hat sich gelohnt, denn Sie haben die korrekte Antwort letztendlich gefunden. Es scheint mir wichtig, doch noch einmal mehr auf den Energieverbrauch bei bewusstem Denken einzugehen. Autistische Menschen haben eine höhere bewusste Wahrnehmung und somit auch einen viel höheren Energieverbrauch. Da das Gehirn, wie schon erwähnt, keine Energiereservate anlegen kann, fehlt diese Energie dann bei anderen Aufgaben. Die Kraft geht bei jedem Menschen im Laufe des Tages unweigerlich zur Neige. Das kennen Sie auch. Man ist einfach erschöpft, der Tag hat einen mitgenommen, man fühlt sich ausgelaugt. Aber was bei den meisten Menschen am Ende des Tages stattfindet, genau damit werde ich manchmal schon am Vormittag konfrontiert. Ich habe lernen müssen, mit meinem

Energiehaushalt anders umzugehen. So vermeide ich bei meinen Vorträgen zum Beispiel jeden Zuhörer mit einem „Guten Tag“ zu begrüßen, wenn sie den Raum betreten. Das ist zwar ein wenig unhöflich, aber es spart Energie. Am Ende wollen Sie nicht super sozial adäquat begrüßt werden, sondern einen guten Vortrag hören. Beides geht eben nicht. Im Vortrag habe ich dann auch die Möglichkeit Ihnen genau das zu erklären und um Ihr Verständnis zu bitten. Auch der allseits beliebte und durchaus wichtige Small Talk kostet Energie. Dasselbe gilt für Blickkontakt. Und für Antworten. Und Lächeln. Und Hände schütteln und und und... Ein autistischer Mensch muss lernen, effektiv mit der ihm zur Verfügung stehenden Energie umzugehen. Das heißt, er muss herausfinden, wo er sinnvoll sparen kann. Die Umgebung muss verstehen und akzeptieren, warum ein Autist an manchen Tagen Dinge nicht tun kann, die an anderen Tagen jedoch gut funktionieren. Die Batterie ist dann einfach schon leer und das kann auch schon mal morgens um 8 Uhr der Fall sein. Es ist ein Unterschied, etwas nicht zu wollen und etwas nicht mehr zu können.

Lassen Sie uns nun wieder dem Gehirn zuschauen, und zwar diesmal bei der bewussten Wahrnehmung. Stellen Sie sich vor, wir befinden uns in einem Raum, in dem viele Menschen anwesend sind. Sie stehen in kleineren Gruppen zusammen und unterhalten sich. Die Lehrer unter Ihnen denken jetzt vielleicht an Ihr Lehrerzimmer zu Stoßzeiten. Ich sehe die Pausen in meiner Schulzeit vor mir. Ein einziges Durcheinander an Menschen, Bewegungen und Geräuschen. Dank Ihrer hervorragenden unterbewussten Programme schaffen Sie es sehr gut, sich in diesem Gewimmel auf Ihren unmittelbaren Gesprächspartner zu konzentrieren, während ich zusätzlich noch die Geräusche, die von draußen hereindringen, nicht nur höre, sondern auch wahrnehme. Außerdem verändert sich auch noch regelmäßig der Lichteinfall und lenkt mich zusätzlich ab. Ich kämpfe dann mit (m)einer wesentlich höheren bewussten Wahrnehmung. Aber zurück zu Ihrem Gespräch. Sie unterhalten sich mit ein oder zwei Leuten, wissen, um was es geht, wissen, wann Sie dran sind mit Sprechen, halten ausreichend Blickkontakt und haben perfekte Körperkontrolle. Sie zeigen adäquate Mimik und Gestik und fühlen sich wohl in diesem Gespräch. Von den von mir wahrgenommenen Geräuschen und Bewegungen bekommen Sie so gut wie nichts mit, weshalb es Ihnen auch unverständlich ist, dass ich mich nach einiger Zeit nicht mehr am Gespräch beteilige, auf den Boden blicke oder immer wieder zum Fenster schaue. Ich blicke nun eher finster drein und so richtig still stehe ich auch nicht mehr. Irgendwann wird mein Stimming (siehe Kapitel 5 und 11.1.) intensiver, und wenn ich könnte, würde ich jetzt lieber gehen. Warum geht es Ihnen so viel besser? Richtig. Ihr Thalamus, geschätzter Pförtner der Gehirn GmbH, leistet gerade sehr gute Arbeit. Er filtert Unwichtiges heraus und nur das Wichtige, nämlich Ihr Gespräch, wird Ihnen bewusst. Der Thalamus fragt immer wieder: Ist das wichtig? Seine Vorbewertungen schickt er per SMS (schnell, aber grob) an die Amygdala (die Alarmanlage), die wiederum schaut, ob es gefährlich ist. Der Hippocampus (das Archiv) vergleicht mit schon mal Erlebtem und speichert gegebenenfalls Neues ab. Der Austausch dieser Areale untereinander funktioniert einwandfrei. Sie haben freie Bahn. Bis jetzt läuft alles auf der bewährten unterbewussten Schiene. Jetzt passiert in dem überfüllten Lehrerzimmer Folgendes: Ihr Name wird in einem der vielen anderen Gespräche erwähnt. So gleich meldet der Thalamus dies an die Amygdala (SMS), aber da es sich um Ihren Namen handelt, beantwortet er seine Frage nach der Wichtigkeit dieser Information diesmal mit einem eindeutigen JA. Das heißt, dass er jetzt auch das Bewusstsein, also das Experten-Team, informiert. Jetzt erst wird Ihnen auch dieses Gespräch bewusst. Bitte nicht vergessen, die Amygdala bekommt diese Informationen immer zuerst, manchmal bis zu 7 Sekunden, bevor Ihnen etwas bewusst wird. Das heißt, sie kann es schon emotional bewerten und ein Verhalten auslösen und Sie wissen noch gar nichts davon. Die meiste Zeit tut sie genau das. Sie weinen erst und dann wird Ihnen bewusst, dass Sie traurig sind. Aber Sie erleben das nicht so. Der Informationsaustausch mit dem Bewusstsein ist viel langsamer, hat eher die Form eines Briefes, aber ist auch um einiges genauer. In einem Brief kann man wesentlich ausführlicher berichten als in einer SMS. Schon während der Brief an unser Bewusstsein geschickt wird, tauscht sich die Amygdala mit dem Hippocampus aus, der viele solcher Situationen abgespeichert hat und ihr die entsprechende Rückmeldung gibt. Und sie wendet sich jetzt auch an das Experten-Team, was enorm viele Vorteile für Sie hat. Das bewusste Denken bietet Ihnen zahlreiche, vielfältige Möglichkeiten des Reagierens, denn Sie haben jetzt Zugriff auf Logik und Handlungsplanung. Wahrscheinlich wenden Sie den Kopf in Richtung des Gespräches, in dem gerade Ihr Name gefallen ist, denn Sie nehmen nun auch dieses Gespräch bewusst wahr. Es dauert nicht lange, da haben Sie erfasst, worum es geht und warum Sie erwähnt wurden. Entweder wenden Sie sich nun wieder Ihrem Gespräch zu und fühlen sich gut, weil Sie gerade von einer anderen Person gegenüber einer Dritten lobend erwähnt wurden, oder aber es hat jemand etwas Inkorrektes über Sie geäußert, woraufhin Sie sich vielleicht in das Gespräch einmischen werden. Natürlich nicht ohne sich zuerst höflich bei Ihren bisherigen Gesprächspartnern zu entschuldigen. Falls ersteres der Fall war, dann rutscht dieses „Zweitgespräch" ganz schnell wieder in Ihr Unterbewusstsein und Sie können sich voll Ihrem eigenen Gespräch widmen. Die Amygdala merkt sich genau, was gerade abgelaufen ist, und mit Ihrer Reaktion verstärken Sie sie. Das heißt, in einer ähnlichen Situation kann und wird dic Amygdala schnellcr und besser reagieren. Sie ist enorm lernfähig. Die zwei Laster und drei Autos, die draußen vorbeigefahren sind, der Vogel, der zu singen begonnen hat, und die Frau auf dem Balkon gegenüber, die nun Wäsche aufhängt, die Wolke, die sich vor die Sonne geschoben und damit das Zimmer verdunkelt hat, die Kollegen, die den Raum verlassen haben, und die, die zu essen begonnen haben, die Fliege, die zwischen Brotdose und Fenster pendelt, das alles und noch viel mehr haben Sie, dank Thalamus, nicht mitbekommen. Alles weggefiltert. Bei mir ist das leider nicht so, ich bekomme alles als ganz wichtig präsentiert. Die Fliege genauso wichtig wie unser Gespräch, genauso wichtig wie die Wäschefrau und das Erwähnen meines Namens in einem anderen Gespräch, ja wie alle anderen Gespräche in diesem Raum, genauso wichtig wie die Autos und natürlich auch die Wolke.

Alles ist wichtig und manchmal ist alles auch gefährlich, dann reagiert die Amygdala über, das heißt, die sonst schützende Alarmanlage schlägt ständig an und löst entsprechende Reaktionen (Verhalten) aus, welches nicht zur Situation passt. Dann falle ich auf. Erst dann zeigt sich mein Autismus.

Ein Beispiel aus meiner Schulzeit nenne ich „falsch aufmerksam sein". Ich will es Ihnen erklären. Ich war als Kind in meiner Schulzeit anfangs oft „falsch aufmerksam". Mir wurde unterstellt, ich höre nicht zu oder schaue nicht hin, dabei wusste ich einfach nicht, auf was ich mich denn konzentrieren sollte. Ich wusste nicht, was wichtig war. In meiner Wahrnehmung war alles wichtig. Ich konnte sagen, wer was anhatte, wer mit dem Stuhl gekippelt hatte und wie die Hefte und Bücher meiner Klassenkameraden auf den Tischen lagen, wer mit welchem Stift geschrieben hat und so weiter. Aber ich konnte oft nicht wiedergeben, was der Lehrer erzählt hat. Ich konnte beschreiben, was er anhatte und auch das Tafelbild hatte ich im Kopf. Ich bin viel später darauf gekommen, dass ich ein visueller Typ bin, und habe dies dann auch intensiv zur Kompensation genutzt. Auditiv bin ich schnell überfordert und neige auch heute noch dazu, das Hören sehr schnell abzuschalten. Es fällt mir leichter zu funktionieren, wenn ich mich nur auf einen Sinneskanal konzentrieren muss, also nur Informationen über das Sehen aufzunehmen. Bei der Gehirn GmbH ist es eher so, dass Informationen aus allen Sinneskanälen herangezogen werden, damit ein sinnvolles Bild erstellt werden kann. Ich kann besser schauen, wenn ich nicht hören muss, und besser zuhören, wenn ich nicht schauen muss. In der Schulsituation hat das natürlich immer wieder Probleme verursacht, da sich das Erfahrungs- und Erwartungszahnrad meiner Lehrer drehte und sie zu der Überzeugung gelangen ließ, ich würde, weil ich nicht schaute, auch nicht zuhören. Also wurde ich zum Schauen aufgefordert und zum Teil auch gezwungen. So konnte ich genaueste Aussagen zur Bekleidung des Lehrpersonals machen. Art der Kleidungsstücke, Farben, Anzahl der Knöpfe, wie diese festgenäht waren, Muster der Bluse, Flecken im Stoff, Unebenheiten bei der Naht etc...aber habe nicht mehr verstehen können, was mir gesagt wurde. Je mehr mein Stresslevel stieg, desto mehr meldete die Amygdala Alarm und als Ergebnis habe ich dem einen oder anderen Lehrer auch schon mal ins Schienbein getreten. (Wenn Sie es sind, der dies liest, dann bitte ich im Nachhinein um Entschuldigung.)

Lassen Sie uns im nächsten Kapitel einmal näher betrachten, was denn genau passiert, wenn die Amygdala Alarm schlägt.

2.3. Amygdala – gefährlicher Reiz

Die Amygdala ist eine hochsensible Alarmanlage, die uns vor Gefahren schützt. Sie stellt deshalb immer die Frage: Ist es gefährlich? Das bedeutet, sie analysiert, inwieweit eine Gefährdung durch auf uns wirkende Reize vorliegt, und löst dann blitzschnell die entsprechende Reaktion aus. Oftmals reagieren wir in solchen Gefahrensituationen und erst hinterher wird uns bewusst, was da gerade passiert ist. Der kortikale Weg, also die Verbindung zwischen dem unterbewussten System (der Chef-Etage) und unserem Bewusstsein (dem Experten-Team), wird sofort unterbrochen, wenn die Amygdala eine Gefahr erkennt oder zu erkennen glaubt. Manchmal noch bevor der Brief in unserem Oberstübchen ankommt. Sie erinnern sich, der Informationsfluss ans Bewusstsein dauert länger, ist aber ausführlicher. Doch selbst wenn der Brief schon eingetroffen ist, interessiert sein Inhalt jetzt nicht mehr. In einer Gefahrensituation brauchen wir keine Logik und keine Handlungsplanung mehr. Nun ist Instinkt gefragt, denn es geht nur noch um unser Überleben.

Wenn Sie jetzt hochschauen und einen Tiger sehen würden, würden Sie dann anfangen zu überlegen, was denn das für einer ist? Ein sibirischer oder ein Sumatratiger? Immerhin scheint das Fell sehr kontrastreich. Oder doch ein Bengaltiger? Ein Balitiger kann es auf keinen Fall sein, denn die sind ja ausgestorben. Und wo kommt der eigentlich her? Was will der hier? Und was mache ich jetzt? Diese Überlegungen würden Sie wahrscheinlich nicht zu Ende führen können. Vor allem dann nicht, wenn es ein älterer Tiger ist, der

Hunger hat. Doch zu diesen Gedankengängen kommt es gar nicht, denn hier würde die Amygdala sofort Gefahr melden, und selbst wenn das Bewusstsein den Brief noch erhalten hat, so würde auch Ihr Cortex die Gefahr akzeptieren und weitere Entscheidungen der Amygdala überlassen. Die Amygdala tauscht sich wieder mit anderen Hirnarealen, hauptsächlich dem Hippocampus, aus. Obwohl Sie wahrscheinlich noch nie einen Tiger im Garten hatten, hat der Hippocampus genügend Material aus Film & Fernsehen gesammelt, um zu wissen, was hier zu tun und zu lassen ist. Die Amygdala kann bei Gefahr nur zwischen drei Reaktionen auswählen: Fluchtreaktion, Kampfreaktion oder eine Bewegungsunfähigkeit. Bitte überlegen Sie jetzt nicht, welches dieser Verhaltensmuster sich bei dem Tiger gelohnt hätte, Sie wären an dieser Entscheidung sowieso nicht beteiligt gewesen.

Schauen wir lieber, was in Ihrem Gehirn passiert, wenn die Amygdala eine Situation als gefährlich einschätzt und eine der drei Reaktionen (Flucht, Kampf, Bewegungsunfähigkeit) auslöst. Nehmen wir an, Sie sind in dieses Buch vertieft aus dem Bus gestiegen und überqueren mit der Nase noch im Buch die Straße. Sie schauen kurz hoch und sehen ein Auto auf sich zukommen. Noch bevor Sie wirklich wissen, was los ist, springen Sie zurück auf den Gehweg und sind in Sicherheit. Der Amygdala sei Dank! Erst jetzt wird Ihnen bewusst, wie gefährlich das war und dass es hätte schiefgehen können. Was ist passiert? Als Sie hochgeschaut haben, hat der Thalamus den visuellen Reiz „Auto“ bekommen und als wichtig bewertet, da Sie sich mitten auf der Straße befunden haben. Diese Information hat er sowohl an die Amygdala als auch an das Bewusstsein geschickt, zur Amygdala wie immer per SMS, also extrem schnell, was heißt, dass die Amygdala schon Daten verglichen und mit dem Hippocampus ausgetauscht hat, während der Brief noch zum Cortex (zu Ihrem Bewusstsein) unterwegs war. Da die Situation als gefährlich eingestuft wurde, reagierte die Amygdala sofort mit einer ihrer drei Verhaltensschemen. In diesem Fall war es eine Fluchtreaktion zurück auf den Gehweg. Als die Gefahr gebannt war, passierte etwas ganz Wichtiges. Die Amygdala vergewisserte sich, ob dies denn eine richtige Reaktion war, das heißt, sie fragte, ob das denn noch gefährlich ist, wenn ein Auto direkt auf Sie zukommt. Sie haben ihr eine entsprechende Rückmeldung gegeben, in dem Sie sich dachten, wie gefährlich das hätte sein können. Auch Gedanken, wie „meine Güte, das war knapp“, bestätigen sie in ihrer Reaktion. Mit solchen Rückmeldung verstärken Sie die Amygdala, Sie merkt sich, dass ein auf Sie zukommendes Fahrzeug Gefahr bedeutet, und wird in einer ähnlichen Situation schneller und heftiger reagieren. Was ich damit sagen will ist, die Amygdala ist enorm lernfähig. Dies ist eine wichtige Erkenntnis, nicht nur, um die Amygdala zu verstehen, sondern vielmehr auch um sie in einem autistischen Gehirn zum Umlernen zu bewegen. Die Amygdala muss natürlich eine Alarmanlage bleiben, aber sie darf nicht zu einem Gefängnis werden. Es ist also sehr wichtig, welche Rückmeldungen wir ihr geben, damit sie ihren Job richtig machen kann und damit nicht nur unser Überleben sichert, sondern uns auch die Möglichkeit lässt, uns sozial adäquat zu verhalten. Denn nur so können wir ein Teil der Gesellschaft sein. Verstärken autistische Menschen ihre Amygdala, wenn diese bei einem ungefährlichen Reiz, wie Hände schütteln oder Ansprache, Gefahr meldet, dann entsteht in sehr kurzer Zeit ein Kreislauf der Angst, der nur sehr schwer wieder zu unterbrechen ist. Schauen wir uns deshalb als nächstes an, was passiert, wenn sich die Amygdala irrt.

2.4. Amygdala – ungefährlicher Reiz

Erinnern Sie sich noch, als wir in Kapitel 2.1. zusammen auf dem Leipziger Hauptbahnhof standen und Sie die Durchsage betreffs der Bahnsteigänderung des 9.51 Uhr ICE nach Berlin einfach so „überhörten"? Dort hat die Amygdala entschieden, dass diese Situation keine Gefahr für Sie darstellt. Sie hat also in ihrer Suche, auch im Austausch mit Hippocampus und anderen Hirnarealen keine Übereinstimmung mit schon einmal erlebten, bereits abgespeicherten gefährlichen Situationen gefunden. In diesem relaxten Zustand ist sie auch in der Lage, Informationen vom Cortex entgegenzunehmen und sich an ihnen zu orientieren. Wir können so den Anforderungen unsere Umgebung gerecht werden und sozial adäquates Verhalten zeigen. Wir agieren und reagieren, wie man es von uns auch erwartet. Wir funktionieren. Autistische Menschen dagegen reagieren in vielen Situationen nicht sozial adäquat. Mein Verhalten überrascht und erstaunt dann meine Mitmenschen, deren Erfahrungs- und Erwartungszahnrad zuweilen herb enttäuscht wird. Dies führt teilweise zu großen Problemen in der sozialen Interaktion. Warum sind autistische Menschen in ihrem Verhalten nicht oder nur sehr schwer einzuschätzen? Dazu müssen wir uns die Firma Hirn & Co. Kg, das autistische Gehirn, noch einmal genauer anschauen.

Wir wissen, dass autistische Menschen viel mehr Reize bewusst wahrnehmen, das heißt, dass der Thalamus, mein Pförtner, zu viel Informationen als wichtig einschätzt und somit immer wieder das Experten-Team involviert. Diese Filterschwäche ist auf der einen Seite ganz sicher eine große Belastung, aber gleichzeitig birgt sie auch ein enormes Potenzial. Ein Autist kann dadurch Dinge abrufen und auf Informationen zugreifen, die bei anderen Menschen einfach weggefiltert werden und damit für ihn verloren sind. Nachteilig wirkt sie sich aus, weil der Thalamus mit seiner Erregung natürlich auch die Amygdala ansteckt, denn er ist ja dafür verantwortlich eingehende Reize schon vorzubewerten. Eine weitere Schwachstelle ist der Hippocampus, der im autistischen Gehirn mit der Wiedererkennung vieler Situationen große Probleme hat. Er beantwortet die Frage, ob wir das kennen, zu oft mit Nein. Damit ist es eine vollkommen neue Situation, die von der Amygdala natürlich erst einmal als potentiell gefährlich eingeschätzt wird. Auch auf die Frage, ob wir dies brauchen, also abspeichern sollen, sagt der Hippocampus immer wieder nein. Es wandert also nichts oder nur wenig ins Archiv, auf das bei einem nächsten Mal zurückgegriffen werden könnte. Die Amygdala ist eine so hochsensible Alarmanlage, dass sie auch dann Gefahr meldet, wenn sie nur den Verdacht hat, es könnte gefährlich werden.

Ein Beispiel: Wir gehen im Wald spazieren, plötzlich ziehen Sie mich heftig an der Jacke zurück und rufen aufgeregt: „Schlange!“. Nach dem ersten Schreck, schauen wir genauer hin und erkennen einen Stock. Falscher Alarm. Aber die Amygdala hat trotzdem richtig gehandelt, denn es hätte eine Schlange und damit eine Gefahr sein können. Auch unsere Rückmeldung an sie war korrekt, denn sie soll uns weiterhin vor Schlangen schützen und zwar lieber einmal mehr als einmal weniger. Genau deshalb hat Darwins Amygdala auch immer wieder Gefahr gerufen und eine Fluchtreaktion ausgelöst, als er mit seinem Kopf an der Scheibe lehnte und die Puffotter ihn angriff. Glasscheiben sieht sie nicht und Darwins rational denkende Hirnareale waren ausgeschaltet. Keine Zeit für Logik. Sicher hat er sich auch jedes Mal wieder erschrocken, als die Schlange gegen die Scheibe donnerte. Damit hat er seiner Amygdala jedes Mal rückgemeldet, dass diese durchaus im Recht ist, die Situation immer wieder als gefährlich einzuschätzen.

Sinn und Zweck der Amygdala ist es unser Überleben zu sichern. Es ist darum sehr wichtig, dass sie die korrekte Rückmeldung erhält und somit als Alarmanlage weiterhin effektiv arbeiten kann. Genau dort, bei der Rückmeldung, verbirgt sich eine weitere Problemzone im autistischen Gehirn. Die Amygdala wittert zu oft Gefahr und wird dann auch noch in dieser Falschannahme bestärkt. So lernt sie, dass Blickkontakt und Hände schütteln gefährlich sind. Sie ist ein sehr guter Schüler, lernt schnell und viel. Aber genau das können wir nutzen, denn was sie lernen kann, das kann sie auch wieder verlernen. Das heißt, dass wir es schaffen können, die Amygdala zu beruhigen, indem wir ihr die korrekte Rückmeldung geben. Dies ist nicht einfach, da unsere emotionales System sich alles merkt, was es einmal gelernt hat. Aber da autistische Menschen eher die Unterschiede wahrnehmen als die Gemeinsamkeiten scheint es, dass sie hier eine wesentlich größere Chance haben als andere Menschen.

Mithilfe meines Phönix-Programms (siehe Kapitel 11.5. Stopp – Amygdala umtrainieren) schaffe ich es immer besser, meine

Amygdala und auch die meines Sohnes so umzutrainieren, dass sie lernen kann, ungefährliche Reize als solche zu erkennen. Ich nutze dabei auch meine erhöhte bewusste Wahrnehmung, um die Amygdala mit dem Cortex weiter zu beruhigen. Meine eigentliche, autistische Reaktion ist in einer gedämpften Form immer noch vorhanden, aber ich weiß, wie ich sie kontrollieren kann. Auch in der Gehirn GmbH geht die Alarmanlage manchmal grundlos an. Ich möchte Sie dabei nur an Phobien erinnern. Es gibt viele Dinge, vor denen Menschen übermäßig starke Ängste haben, obwohl andere Menschen vor genau diesen Dingen keine oder zumindest viel weniger Furcht zeigen. Es kann sogar sein, dass es dem Menschen durchaus bewusst ist, dass ihrer Ängste unbegründet sind.

Meine Tochter weiß auch, dass ihr Spinnen und Fliegen nicht wirklich etwas tun können oder würden. Doch sobald sich solch ein Krabbeltier in ihre Nähe begibt, ergreift sie unter lautem Geschrei die Flucht. Da sie ihre Amygdala jedes Mal wieder verstärkt hat, löst diese jetzt schon bei der Erwähnung des Wortes „Spinne“ eine solche Fluchtreaktion aus. Irgendwann wird die Vorstellung, der Gedanke an eine Spinne ausreichen, um mein Kind flüchten zu lassen. Die Amygdala wird hier in ihrem Irren genauso verstärkt wie die im Hirn autistischer Menschen, die auf die für die Mehrheit der Menschen als ungefährlich empfundenen Reize mit einer Flucht-, Kampf- oder Starre-Reaktion reagiert. Irgendwann muss der Reiz gar nicht mehr von außen kommen, sondern interne Reize, wie Gedanken und Vorstellungen, sind ausreichend, um exakt dieselben Reaktionen auszulösen. Damit ist es für Außenstehende unmöglich zu wissen, warum ein Mensch gerade so irrational und inadäquat reagiert. Da man Menschen ihren Autismus nicht ansehen kann, kommt es dann oftmals zu sehr heftigen Reaktionen der unmittelbaren Umgebung. Bei anderen Menschen ist es der Umwelt noch möglich an Rollstuhl, Blindenhund oder Hörgerät zu erkennen, dass eine Behinderung vorliegt, und sie haben außerdem auch eine gute Idee davon, wie sie helfen können. Bei Autismus ist dies so nicht möglich. Mein Autismus ist nur wenig erkennbar und wenn, dann wird er nicht als Behinderung gesehen, sondern (Erfahrungs- und Erwartungszahnrad dreht sich) ich werde als unhöflich, als vorlaut, als aggressiv, als unmöglich, als arrogant, als ungeduldig, als inadäquat wahrgenommen. Ich habe in den Situationen, in denen ich es am meisten gebraucht hätte, keine Hilfe bekommen, was mehr und mehr zu einem Rückzug meinerseits führte. Bei meinem Sohn ist es anders. Bei ihm ist von außen deutlich sichtbar, dass er Probleme hat, anders ist. Er bekommt zwar Hilfe, aber nicht in einem Umfang, in dem er sie bräuchte. Außerdem werden ihm leider sehr schnell auch seine Potentiale abgesprochen. Elijah ist im Gegensatz zu mir im Alltag auf ständige Hilfe angewiesen, aber warum auch mein Alltag nicht problemlos ist, möchte ich Ihnen im nächsten Kapitel näher erläutern.

3. Mein Alltag ist ein Jenga-Spiel

Kennen Sie das Spiel „Jenga“? Das ist ein Geschicklichkeitsspiel, welches mich an meinen Alltag erinnert. Bei diesem Spiel werden bis zu 60 Holzquader zu einem Turm gestapelt. Dabei liegen immer drei Bausteine nebeneinander. Ist der Turm aufgestellt, beginnt das Spiel. Die Spieler müssen abwechselnd und nur mit einer Hand einen Stein aus dem Turm ziehen und ihn dann wieder auf die Spitze des Turms setzen. Das Spiel ist aus, wenn der Turm einstürzt. Sieger ist, wer als letzter einen Stein auf den Turm gesetzt hat, ohne dass dieser danach zusammenfällt. In meinem Jenga-Alltag steht jeder Holzquader für einen anderen Stressor, also für einen Reiz, der bei mir Stress und darauf folgend ein Verhalten auslöst. Hier ist wieder die Amygdala aktiv, indem sie fragt, ob es gefährlich ist oder nicht. Wir haben bereits darüber gesprochen, dass die Amygdala im autistischen Gehirn enorm viele Reize als gefährlich bewertet, die es eigentlich nicht sind. Wir wissen weiterhin, dass die Amygdala nur drei Handlungsoptionen hat: Flucht, Kampf und Bewegungsunfähigkeit.

Auf diese möchte ich jetzt gern noch einmal näher eingehen. In seiner Reaktion auf Stress erinnert mich mein Sohn immer wieder an ein Pferd, denn so wie er sind auch diese Fluchtwesen. Wer sich die Zeit nimmt, Pferde genauer zu beobachten, der findet viele Gemeinsamkeiten mit autistischen Menschen. Als Kind war auch meine erste Reaktion immer die Flucht. Als diese im Kindergarten unterbunden wurde, habe ich lange Zeit von Kampfreaktionen Gebrauch gemacht. Als auch diese unterbunden wurden, kam es zu

Autoaggression, also Kampfreaktionen gegen mein Selbst. Heute im Erwachsenenalltag ist meine erster, mittlerweile stark gedämpfter Reaktionswunsch immer noch die Kampfreaktion. Ich arbeite daran, diese noch besser zu unterdrücken und in eine Fluchtreaktion umzuwandeln. Die Flucht gelingt mir fast nie. Momentan ist es ein Erfolg, wenn ich sichtbar nicht reagiere, also eine Bewegungsunfähigkeit zeige. Diese sorgt mich jedoch, da sie auch meine Verbalität stark einschränkt. Aus diesem Wissen und bisher erlebten Situationen ist nunmehr eine soziale Angst entstanden, die oftmals so stark ist, dass ich den Wunsch verspüre, mich komplett aus dem sozialen Leben zurückzuziehen. So gesehen ist Angst weiterhin mein primäres Problem. Die Angst, in sozialen Situationen in der Interaktion und Kommunikation mit anderen Menschen zu anders zu sein und in den Augen der Anderen Fehler zu machen, ist immer da. Seit ich mehr über Fremdwahrnehmung weiß, das heißt, seit mir bewusst ist, dass andere Menschen mich sehen, wie sie mich sehen und dass das Konsequenzen für mich hat, ist diese Angst noch größer geworden. Als Kind war ich wesentlich weniger gestresst, was die Anderen betraf, als ich es heute bin. Vielleicht sehe ich das Fehlen der Fremdwahrnehmung bei Elijah deshalb nicht unbedingt nur als ein Defizit, sondern für ihn in seiner Situation durchaus auch als Potential. Mit seinen Fluchtreaktionen versucht Elijah sich einen sicheren Raum zu schaffen, in welchem der Stresslevel geringer ist. Es ist wichtig, autistischen Menschen einen solchen Raum zu geben, das heißt, die Fluchtreaktion zuzulassen und sie sich dort dann auch ungestört regulieren zu lassen (siehe Kapitel 11. Strategien und Hilfsmittel).

Die Kampfreaktion ist eine Reaktion auf akuten Stress, bei der es unter anderem zu einer gewaltigen Freisetzung von Adrenalin kommt. In einer solchen Situation entwickeln Menschen Kräfte, die ihnen unter normalen Umständen nicht zur Verfügung stehen würden und die man ihnen auch nicht zutrauen würde. Kampfreaktionen können auch verbal erfolgen bzw. kann sich eine körperliche Kampfreaktion durch eine erhöhte verbale Aggressivität ankündigen. Auch bei Elijah, der nicht-verbal ist, ist das so. Er gibt dann ganz bestimmte Laute von sich und nimmt der Stress nicht ab, dann folgt sehr schnell eine Kampfreaktion, wie zum Beispiel mit dem Kopf gegen einen anderen Kopf oder die Wand schlagen oder sich selbst schlagen. Diese Reaktionen zeigt er in Situationen, die es der Umgebung schwer machen, sein Verhalten zu verstehen. Wer nichts von seinem Autismus weiß, der sieht Elijah dann unweigerlich als unartig, unerzogen oder gestört, denn das Erfahrungs- und Erwartungszahnrad dreht sich unweigerlich mit und gibt andere Normen vor. Aber selbst Menschen, die Elijah und seinen Autismus kennen, stehen oft geschockt und ratlos vor ihm, wenn er sich die Schläfen oder den Rücken blau schlägt, weil das Auto an der Ampel halten muss oder weil er beim Windeln still stehen muss, weil die Fingernägel geschnitten werden müssen, weil der Apfel alle ist oder weil der Hund bellt. Wichtig zu verstehen ist, dass Elijahs Reaktion auf diese Dinge innerhalb seines Systems eine korrekte Antwort ist. Seine Amygdala meldet Gefahr. Hier liegt der Fehler, nicht in Elijahs gezeigtem Verhalten. Das heißt im Klartext, er reagiert adäquat. Es scheint unmöglich innerhalb der Gesellschaft für ein solches autistisches Verhalten Akzeptanz und

Toleranz zu bekommen, da man Menschen den Autismus nicht ansieht, sondern nur das gezeigte Verhalten. Es ist ein Verhalten, welches im nichtautistischen System inadäquat ist und entsprechende Konsequenzen nach sich zieht. In diesem, Ihrem System meldet die Amygdala bei all diesen Dingen keine Gefahr und Sie reagieren deshalb ganz anders. Außerdem reagiert die Mehrzahl der Menschen wie Sie, was Ihnen Sicherheit gibt und Ihnen Ihren Platz innerhalb der Gesellschaft garantiert.

In vielen Situationen, in denen eine Fluchtreaktion nicht möglich ist oder aktiv verhindert wird, kommt es auch zu einer Bewegungsunfähigkeit des autistischen Menschen. Dies kann ein simples Nicht-reagieren sein, aber auch bis hin zu einem Zustand führen, der einer Katatonie (Starre) gleichkommt. Ich erlebe diesen Zustand immer als sehr bedrohlich für mich selbst, vor allem dann, wenn er in der Öffentlichkeit eintritt. Bei mir geht diese Bewegungsunfähigkeit fast immer mit einem allmählich ansteigenden Mutismus, einem Verfall in beharrliches Schweigen, einher. Wieder spielt mein Wissen um Fremdwahrnehmung hier eine große Rolle in der Entstehung von zusätzlichem Stress. Als Kind mag es noch gegangen sein, aber jetzt als erwachsener Mensch, der vor ein paar Minuten noch adäquat funktioniert hat, ist es für meine Umgebung äußerst verwunderlich bis hin zu abstoßend, wenn plötzlich ein solcher Zustand eintritt. Meine Familie weiß mittlerweile damit umzugehen, aber auch dort ist es mir äußerst unangenehm, wenn ich in einer Stresssituation nicht anders reagieren kann. Das ist wichtig, ich kann nicht anders. Bitte vergessen Sie nicht, es ist ein großer Unterschied, etwas nicht zu können und etwas nicht zu wollen. Ich will so vieles besser machen, als ich es machen kann. Jeden Tag versuche ich die Beste zu sein, die ich sein kann. Heute weiß ich sicherer, wo meine Grenzen sind, und verstehe, warum das so ist, aber früher bin ich jeden Abend mit dem Gedanken ins Bett gegangen, ich sei ein kompletter Versager. Trotzdem bin ich immer wieder aufgestanden und habe es erneut versucht. Genau das macht Elijah auch und genau deshalb bewundere ich ihn so sehr, denn sein Alltag ist um vieles schwieriger als meiner, da ihm viele Kompensationsstrategien fehlen und sein Jenga-Turm viel eher und öfter einstürzt als meiner. Aber er baut ihn immer wieder auf, spielt trotz alledem weiter mit. Übung macht den Meister. Das gilt auch und besonders für Autisten. Mein Turm mag stabiler sein als der von Elijah, aber es braucht nur das Wegnehmen eines Quaders an der falschen Stelle und dann stürzt auch mein Turm ein. Ich versuche zu erreichen, dass mir auch in akuten Stresssituationen weiterhin Möglichkeiten gegeben sind, um die Situation zu bewältigen. Manchmal ist es nur das Wissen darum, dass die Situation enden wird, das sie mich aushalten lässt. Damit kann ich eine Menge Stress abbauen und eine Beruhigung der Amygdala in der Situation herbeiführen. Sie lernt, dass diese Situation nicht so gefährlich ist, wie sie denkt. Es bedarf einer Menge an Strategien, um meinen Turm in der Balance zu halten. Diese zu finden war und ist nicht einfach.

Schauen wir uns dazu einmal meinen Jenga-Turm im Schulalltag an. In meiner Schulzeit hatte ich täglich mit vielen Stressoren zu kämpfen und viele Kompensationsstrategien fehlten mir damals noch. Eines der größten Probleme war und ist, dass die Reize, die auf mich wirken, alle gleichrangig sind und ich sie nicht nach Wichtigkeit ordnen kann. Der Vogel, der draußen vor dem Klassenzimmer zwitscherte, war genauso wichtig wie das, was der Lehrer an der Tafel erklärte. Das Flackern des Lichtes oder der veränderte Lichteinfall durch die Sonne war gleichrangig mit dem Geflüster meiner Mitschüler und dem Ticken der Uhr über der Tür. Alle Geräusche von draußen, Autos, Gespräche, Vögel, sogar das Rascheln der Blätter im Wind, konkurrierten ständig mit dem, was im Klassenzimmer unmittelbar um mich herum passierte. Jede Bewegung meiner Mitschüler zog meine Aufmerksamkeit auf sich, jeder Geruch war mir bewusst. Hinzu kam noch, dass ich mich bewusst auf das Sitzen konzentrieren musste, da ich sonst wegen meiner geringen Körperwahrnehmung (siehe Kapitel 8.) Gefahr gelaufen wäre vom Stuhl zu fallen. Ich musste den Stift halten, nach vorn zur Tafel schauen, dem Lehrer zuhören, durfte nicht auf etwaige Rechtschreib- oder Formfehler an der Tafel reagieren, musste die Füße still halten, die ich nicht spüren konnte, und mich nicht durch meine Eigenbewegungen und -geräusche irritieren lassen. Das alles ging und geht nur mit vielen guten und verlässlichen Kompensationsstrategien. Damals fiel mein Jenga-Turm täglich mehrmals um.

4. Kompensation – allgemein

Mir war sehr früh bewusst, dass ich bestimmte Sachen nicht so gut oder gar nicht konnte und zum großen Teil auch gar nicht verstand, was da um mich herum eigentlich ablief. Im Kindergartenalter mit 3 bis 4 Jahren war meine Andere-Wahrnehmung dann endlich so weit ausgereift, dass ich durch die Beobachtung meiner Umgebung feststellen konnte, dass mir Fähigkeiten fehlten, auf die die anderen Kinder (als Kinder erkannte ich sie damals noch nicht, aber dazu im Kapitel 10.2. Andere-Wahrnehmung mehr) einfach so Zugriff zu haben schienen. Ohne große Anstrengungen taten sie Dinge, die für mich schier unmöglich waren und es auch noch lange bleiben würden. Ich fühlte mich komplett fehl am Platz. Schon in der Kindergarten-Zeit begann ich mich deshalb als sehr minderwertig wahrzunehmen, ein Gefühl, welches sich im Laufe der Zeit immer mehr steigerte und erst mit meiner Diagnose im Juli 2009 entsprechend gedämpft werden konnte. Natürlich gibt es auch heute noch genügend Dinge, die ich nicht kann und doch so gern können möchte, aber als Versager fühle ich mich deshalb schon lange nicht mehr. Als Autist bin ich durchaus eine Erfolgsgeschichte. Mein großes Glück in meiner doch eher miserablen Kindergarten-Situation war, dass ich merkte, dass mir etwas fehlt. Ich versuchte mich anzupassen, begann mich zu verbiegen, soweit es eben ging, und erkannte später dann, dass eine gewisse Selbstaufgabe notwendig ist, um vom jeweiligen Umfeld akzeptiert zu werden und somit einen Platz innerhalb dieses Umfeldes zu bekommen. Ich arbeitete unaufhörlich daran, dazuzugehören, und tue das heute noch. Da mir niemand die Welt und das Leben erklärte, suchte ich überall nach Antworten auf meine Fragen, forschte immer weiter nach Lösungen für meine Probleme und begriff so, dass man unheimlich viel durch Beobachtung lernen kann. Ausreichend beobachten und dann nachahmen, erst im Kopf, dann in sicherer Umgebung und dann „draußen" im Leben. Das war meine große Erkenntnis.

Ich lernte, mich in stürmischen Zeiten wie ein Baum im Wind zu biegen und zerbrach deshalb nicht. Ich begriff, dass ich mich nach jedem noch so schweren Sturm doch immer wieder aufrichten muss. Ich sah, dass ich das auch konnte, wenn ich es nur wollte. Auf diese Weise schaffte ich es immer besser, meiner unmittelbaren Umgebung genau das widerzuspiegeln, was sie sehen musste, um mir den so begehrten Platz in ihrer Mitte zu geben. Oftmals war ich auch mit einem Platz am Rand des Geschehens zufrieden. Ich fühlte mich wohl in der Rolle des Zuschauers, gab es mir doch die Möglichkeit, ganz in Ruhe noch mehr zu lernen, noch besser zu werden. Ich hatte nicht nur begriffen, dass und wie ich meine nicht-vorhandenen Fähigkeiten ausgleichen konnte, sondern auch dass ich dies tun musste. Ich hatte die Notwendigkeit des Kompensierens verstanden. Das war der erste Schritt auf einem langen und nicht einfachen Weg. Ich erkannte mein Anderssein und konnte es zu großen Teilen als gegeben akzeptierten. Beim Finden von Kompensationsstrategien kam mir immer wieder der Zufall zur Hilfe. Ich war 5 oder 6 Jahre alt, als ich mir beim Rollerfahren erst den einen und dann auch noch den anderen Knöchel verstauchte und man mir um beide Fußgelenke einen straff sitzenden

Verband machte. Zum ersten Mal konnte ich wirklich meine Füße spüren. Ich wusste, dass es sie gibt, ohne hinschauen zu müssen. Das verbesserte meine Körperhaltung und Koordination enorm. Von da an nutzte ich Verbände und Bänder, die ich mir straff um die entsprechenden Gliedmaßen band, um meine Körperwahrnehmung zumindest zeitweise zu erhöhen. Ich ging sogar mit einem Einweckgummi um den Kopf ins Bett, um besser zur Ruhe kommen zu können und am Morgen sofort wieder wenigstens den Kopf zu spüren. Später trug ich aus demselben Grund eng gestellte Basecaps. (Mehr dazu im Kapitel 8. Körperwahrnehmung.) Mit der Zeit erkannte ich auch meine Stärken und Potenziale besser und konnte diese nun nutzen, um meine Fähigkeiten zu verbessern oder auch nur um Fähigkeiten vorzutäuschen. Mein Ziel war, nur ja nicht auffallen, weder positiv noch negativ. Ich wollte einfach nur passen und unsichtbar bleiben. Ich merkte, dass ich dann besonders erfolgreich war, wenn ich weder gelobt noch getadelt wurde. Diesen Zustand strebte ich an. Um nicht noch mehr Selbstkonfrontationen (siehe hierzu besonders Kapitel 10.1. Selbstwahrnehmung) ausgesetzt zu sein, auf die ich zu diesem Zeitpunkt nur mit Kampfreaktionen und Autoaggression reagieren konnte, entwickelte ich eine enorme Motivation und konnte mithilfe dieser viele Hürden und Barrieren überwinden. Das Leben wurde nicht wirklich einfacher, aber es machte mehr Sinn. Mit meiner Teenager-Zeit und in der Zeit nach der Diagnose erlebte ich zwei tiefe Krisen, da sich in diesen Zeiten die Selbstkonfrontation nicht mehr verhindern ließ. Beide Male verlor ich fast den Glauben und die Motivation, irgendwann einmal wirklich dazugehören zu können. Doch jedes Mal, wenn es nicht mehr weiterzugehen schien, tat ich wieder einen, wenn auch kleinen Schritt nach vorn. Ich habe erst lernen müssen, dass es okay ist, auch mal stehen zu bleiben, sich auszuruhen. Elijah hat das schon begriffen. Er hat immer wieder solche Phasen, in denen er Kräfte sammelt für den nächsten kleinen Schritt nach vorn.

Das Wort Kompensation kommt aus dem Lateinischen von compensare und bedeutet so viel wie ausgleichen oder ersetzen. Ein Gedanke, der sich mir hier aufdrängt, ist, dass es ganz wichtig ist, dass man sich sowohl seiner Stärken und Potentiale als auch seiner Schwächen bewusst sein muss. Das gilt für uns alle. Trotz der Empowerment-Bewegung, die ich schätze und unterstütze und deren Teil ich auch sein möchte, müssen wir weiterhin offen und ehrlich über Probleme und Defizite sprechen. Wir müssen es schaffen, die Potentiale eines Menschen zuerst zu sehen und ihm aber auch bei seinen Problemen auf eine Art und Weise und in einem Umfang zu helfen, dass dies für ihn annehmbar ist. Auf meinen Vorträgen höre ich immer wieder, dass sich autistische Menschen, meist sind es Kinder mit Asperger Syndrom, dem Gedanken des Andersseins verschließen. Damit nehmen sie sich selbst die Chance, ihre Stärken und Potentiale zum Kompensieren nutzen zu können. Sie haben scheinbar keine Motivation etwas ändern zu wollen oder verstehen nicht, dass sie etwas ändern müssen. Die Motivation, etwas verändern zu wollen, musste immer von mir selbst kommen.

Natürlich kann man von außen motivierend auf einen Menschen

einwirken, wie etwa durch ein Belohnungssystem. Bei Elijah funktioniert ein solches auf Belohnung basierendes System überhaupt nicht. Er freut sich mittlerweile wohl über verbales Lob, aber das, was er macht, sein Handeln, wird dadurch nur wenig beeinflusst. Er muss verstehen, warum er etwas tun soll. Es muss einen Sinn für ihn ergeben und er muss begreifen, dass und welche Konsequenzen sein jeweiliges Tun hat. Daran müssen wir noch intensiv arbeiten. Meiner Meinung nach kommt die wahre Motivation immer von innen. Ich muss glauben, um zu können. Man merkt Menschen deutlich an, aus welcher Motivation heraus sie etwas tun. Führen Sie sich nur einmal vor Augen, mit welcher Begeisterung ihr Lieblingsmusiker seine Stücke auf der Bühne vorträgt. Das macht er nicht nur, weil er dafür gut bezahlt wird, sondern das kommt von innen, das ist eine Herzenssache. Er will auch gefallen. Wir Menschen sind nunmal Herdentiere Ohne die Gruppe können und wollen wir nicht überleben.

Eines habe ich schon im Kindergarten verstanden, wer einen Platz in der Gruppe haben möchte, der muss sich vor allem an die Regeln der Gruppe halten. Damals als Kind hat es mir ausgereicht einen Zuschauerplatz am Rand zu haben, aber mittlerweile ist es so, dass ich mir innerhalb der Gruppe eine Aufgabe gesucht habe und diese so gut wie möglich erfüllen möchte. Ich sehe es als meine Aufgabe zwischen autistischen und nicht-autistischen Menschen zu vermitteln, eine Art Übersetzer zu sein. Deshalb mache ich meine Seminare, halte Vorträge und versuche auch über meine Kunst immer wieder mit Menschen in Kontakt zu kommen. Leicht fällt mir das nicht, aber mit den richtigen Kompensationsstrategien, ausreichend Motivation und mit der

Bewusstheit meiner Stärken und auch Schwächen schaffe ich genau das ziemlich gut. Als Autist lebe ich trotz aller Inklusion immer in einer Gemeinschaft, deren Regeln und Strukturen sich mir nicht automatisch und einfach offenbaren. Vieles verstehe ich auch heute noch nicht, vieles werde ich nie können, aber ich werde mich weiterhin darum bemühen. Ich kann mich dabei auf vorhandene, bewährte Strategien verlassen, aber werde weiter nach noch besseren Kompensationsstrategien suchen. Genauere Beschreibungen zu weiteren Kompensationsstrategien in den Kapiteln 11. Strategien und Hilfsmittel und 11.6. noch mehr Strategien und Hilfsmittel. Eine ganz wichtige Kompensationsstrategie, auf die ich mich schon verlasse, solange ich denken kann, verdient allerdings ein eigenes Kapitel. Diese möchte ich Ihnen nun vorstellen.

5. Stimming

Wenn ich zum Thema Autismus nur über eines sprechen oder schreiben dürfte, dann wäre es mit großer Wahrscheinlichkeit das Stimming. Und das aus gutem Grund. Stimming ist etwas, was ich täglich tun muss, um in meinem Alltag und in der Begegnung mit anderen Menschen überhaupt klarzukommen. Es ist mir ganz wichtig, dass meine Umgebung, also Sie, verstehen, warum ich ein Stimming-Verhalten zeige. Stimming zu verstehen ist ein wichtiger Schritt in Richtung Autismus akzeptieren. Aber was genau ist dieses Stimmung und was macht es so besonders und wichtig für autistische Menschen? Das Wort Stimming kommt aus dem Englischen und ist die Kurzform von self stimulating, was man mit „sich selbst reizen“ oder „sich selbst einem Reiz aussetzen“ übersetzen kann. Leider wird Stimming noch immer nur mit den sich wiederholenden Körperbewegungen wie Rocking (Körperschaukeln) oder dem Händewedeln autistischer Menschen in Verbindung gebracht. Stimming ist jedoch sehr viel mehr als das und kann sehr effektiv, in seiner Perfektion auch unbemerkt vom Gegenüber, angewandt werden, so wie zum Beispiel mentales Stimming (ausführlicher in Kapitel 6 „Kognitive Fähigkeiten“ beschrieben). Aber auch das ständige Bewegen meiner Zehen in den Schuhen stört niemanden. Die Beschäftigung oder Konzentration auf einen bekannten Reiz ermöglicht es mir, mich so zu regulieren, dass der Stress, den so viele Alltagssituationen unweigerlich mit sich bringen, auf einem Level gehalten wird, der es mir ermöglicht, in dieser Situation zu verbleiben.

Stimming, egal, ob sozial adäquat oder nicht, erfüllt also überaus wichtige Funktionen. Es reduziert die Reizaufnahme und verhindert so eine sensorische Überlastung. Oft im Deutschen auch als sensorischer Overload bezeichnet, ist dies eine Situation, in der die äußeren Reize mich plötzlich überfluten und ich in ihnen zu ertrinken drohe. Der Thalamus bewertet viel zu viele Reize als wichtig und versagt in seiner Funktion als Filter nun völlig. Die Amygdala glaubt, dass alles höchst gefährlich ist, und kommt dann irgendwann an den Punkt, wo sie eine der drei Reaktionen, Flucht, Kampf oder Starre, auslöst. Je besser man die ersten Anzeichen einer sensorischen Überlastung erkennen kann, desto besser kann man lernen, damit umzugehen. Ich arbeite daran, mir selbst wieder eine Fluchtreaktion anzutrainieren, da mir wohl keine Umgebung, außer meine unmittelbare Familie, eine Kampfreaktion zugestehen würde. Die Bewegungsunfähigkeit bis hin zur verbalen Starre ist für mich weiterhin das Schlimmste und für Außenstehende ganz sicher auch nicht einfach annehmbar, besonders dann, wenn sie von meinem Autismus nichts wissen. Erst mithilfe von Stimming ist es mir möglich, mich einigermaßen abgesichert in Situationen mit anderen Menschen zu begeben. Dies ist etwas, was ich von ganzem Herzen möchte, dabei sein, Teil sein, einen Platz haben inmitten der Menschen, die so anders sind als ich.

Stimming sollte deshalb nach Möglichkeit nicht unterbrochen werden, auch wenn es den Eindruck erweckt, dass ich vielleicht gar nicht aufmerksam bin, weil ich eben keinen Blickkontakt aufbaue und nebenher male, mich im Raum umschaue oder an den Bändern an meinem Handgelenk spiele. Ich tue das nur, um zuhören zu können!

Vielleicht kann man Stimming mithilfe eines Topfes Wasser besser erklären. Das Wasser in unserem Topf soll nicht kochen, aber auch nicht simmern. Es soll köcheln bzw. sieden. Das heißt, es darf nicht wärmer als 100°C werden, aber die Temperatur auch nicht unter 95°C fallen. Wir müssen also sehr aufmerksam sein und die Temperatur gegebenenfalls entsprechend regulieren. Wir können dies am Herdknopf machen, den Topf kurz vom Herd nehmen oder den Topfdeckel abnehmen. Alles, was dazu führt, dass die Temperatur genau richtig ist, damit unser Wasser köchelt, ist akzeptabel. Mit der Zeit finden wir heraus, was am besten funktioniert. Das mag bei jedem Menschen etwas anderes sein, genau wie das Stimming auch. Beim Stimming dreht ein Autist also auch an einer Art Knopf, um weder hochzufahren noch eine sensorische Überlastung zu erfahren. Stimming wird von der Umgebung oft noch falsch verstanden und deshalb als sozial inadäquates Verhalten einfach unterbrochen. Dabei ist auch Ihnen das Stimming nicht wirklich fremd, aber wohl nicht so bewusst.

Überlegen Sie einmal, was Sie in Stresssituationen machen, um sich zu regulieren. Manche drehen sich an den Haaren, andere greifen zum Stressball oder zum Kugelschreiber. Einige kauen an den Fingernägeln, drehen am Ohring oder kneifen sich ins Ohrläppchen. Wir müssen alle irgendwann Stimming machen, um uns in einer Stresssituation zu behaupten. Bei Ihnen ist es vielleicht eher eine Strategie, um besser in einer Situation klarzukommen. Für mich und viele andere Autisten ist das Stimming überlebenswichtig. Das ist das eine. Das andere ist, dass Ihre Methoden sozial akzeptiert sind und meine oft nicht. Es ist natürlich ideal, wenn auch ein autistischer Mensch zu einem sozial adäquaten Stimming findet, welches niemanden stört und welches deshalb als Konsequenz die Akzeptanz der Gesellschaft hat. Ein Stimming auf mentaler Ebene ist meiner Meinung nach Stimming in Perfektion. Diese Art Stimming ermöglicht mir ein Dazugehören auf Zeit, ohne von meinem Gegenüber als komisch, seltsam, sonderbar, skurril, merkwürdig, irritierend oder gar unhöflich wahrgenommen zu werden. Mentales Stimming verlangt einiges an kognitiven Fähigkeiten, auf die ich im nächsten Kapitel eingehen möchte.

6. Kognitive Fähigkeiten

Kognition bietet eine Unmenge an Möglichkeiten, Strategien zu finden, um Fähigkeiten dahingehend zu verbessern, dass sie den Anforderungen der Umgebung besser entsprechen können. Mithilfe kognitiver Fähigkeiten ist es möglich, so effektiv zu kompensieren, dass Defizite keine oder nur noch eine sehr geringe Bedeutung haben. Sie sind demnach ein äußerst sinnvoller Mechanismus, um als autistischer Mensch in der Gesellschaft bestehen zu können. Zu den kognitiven Fähigkeiten zählen unter anderem die Wahrnehmung, das Erinnern, die Kreativität und natürlich das Lernen, aber auch die Emotionen. Beginnen wir mit der Wahrnehmung, genauer gesagt mit der bewussten Wahrnehmung. Bei autistischen Menschen ist diese um ein Vielfaches höher. Sehen wir dies als eine besondere Fähigkeit, als Potential. Erinnern Sie sich noch an die Aufgabe mit dem Schläger und dem Ball aus Kapitel 2? (Nein, der Ball kostet nicht 10 Cent.) Bei dieser Aufgabe schneiden autistische Menschen besser ab. Nicht weil sie klüger sind, sondern weil sie eben mehr bewusst denken. „Klasse", höre ich Sie rufen. Aber Vorsicht! Wenn wir daran denken, wie viel Energie dieses bewusste Denken verbraucht, wie viele Reize bewusst wahrgenommen werden und wie schnell es zu einer sensorischen Überlastung kommen kann, dann scheint eine erhöhte bewusste Wahrnehmung doch auch ein gehöriges Defizit zu sein. Aber wenn wir es einmal anders betrachten und sehen, dass man mit einer bewussten Wahrnehmung viel öfter zum richtigen Ergebnis kommt, dass man auf Informationen Zugriff hat, die anderen einfach so verloren gehen und dass man auch mehr Zugriff auf den Cortex hat und somit auf Logik und Handlungsplanung, dann wandelt sich dieses vermeintliche Defizit doch ganz schnell wieder in ein Potential. Die gute Nachricht für Nicht-Autisten, man kann bewusstes Denken erlernen.

Ich nutze diese bewusste Wahrnehmung schon seit meiner Kindheit aus. Ich weiß, dass ich damit mehr Energie verbrauche als meine Mitmenschen mit ihren unterbewussten Programmen. Es gelingt mir jedoch immer besser mit meinem Energiehaushalt effizient umzugehen. Kehren wir kurz zurück zu unseren Firmen. Je energieeffizienter Gehirn GmbH und Hirn & Co KG. arbeiten, desto geringer sind die Kosten. Man spart Geld, was man anderswo investieren kann. Wo und wie man am besten sparen kann, hängt von den einzelnen Umständen und Baulichkeiten jeder Firma ab. Ich spare zum Beispiel viel Energie bei der Vermeidung von Blickkontakt. Eine Kassiererin im Supermarkt oder der Schaffner im Zug bekommt weniger davon ab als jemand, mit dem ich ein wichtiges Gespräch führe. Auch bei Familie, Freunden und Menschen, die von meinem Autismus wissen, „schaue ich nur auf Sparflamme“. Die so erwirtschaftete Energie steht mir nun für andere Dinge zur Verfügung. Ich weiß auch, dass meine Energietank nach einem Seminar oder Familienfest komplett leer ist, so dass ich mir danach eineErholungsphase ohne jegliche Anforderungen an mein System gönnen muss. Allein das clevere Haushalten mit der Energie ist eine effektive Kompensationsstrategie und erklärt vielleicht auch ein wenig das breite Autismus-Spektrum bzw. das große Spektrum Mensch.

Als nächstes sollten wir über das Erinnern sprechen. Zur Verfügung steht uns dabei ein Langzeitgedächtnis und ein Arbeitsgedächtnis. Das Langzeitgedächtnis wird nochmals unterteilt in ein Wissensgedächtnis und ein Verhaltensgedächtnis. Im Wissensgedächtnis befinden sich das Faktenwissen und die Erinnerung an unsere persönlichen Erlebnisse. Autistische Menschen haben nicht nur ein enormes Faktenwissen, sondern besitzen auch noch die Fähigkeit, diese Informationen immer wieder abrufen zu können (Retrieval). Welch ein enormes Potential, dass man hier nutzen kann und muss. Es ist natürlich wieder sehr von persönlichem Interesse und innerer Motivation abhängig, aber ein Autist mit Begeisterung für alles, was mit Bahn, Zug und Fahrplänen zu tun hat, wäre für ein DB Reisezentrum doch ein absoluter Glücksfall oder etwa nicht? Ein Anderer könnte als Korrekturleser in einem Verlag sein Potential zeigen. Und dann ist da natürlich die IT Branche, die die ungewöhnlichen Potentiale autistischer Menschen schon länger für sich entdeckt hat. Auch das Verhaltensgedächtnis birgt solche Potentiale. Wer kennt sie nicht die Berichte über Autisten, die Instrumente spielen, als hätten sie nie etwas anderes gemacht, als wäre es die einfachste Sache der Welt. Die Musik, ja überhaupt die Welt der Künste bieten vielen autistischen Menschen Nischen, die sie brauchen und auch wunderbar ausfüllen können. Dieses Anders-Denken ist ein enormes Potential. Man muss es nur als solches sehen und annehmen können.

In meiner Schulzeit erging es mir oft so, dass ich zu einer Lösung einer Aufgabe kam, aber den genommenen Lösungsweg nicht mehr erklären bzw. aufzeigen konnte. Oft nahm der Lehrer dann an, ich hätte das

Ergebnis nur irgendwo abgeschrieben, was dazu führte, dass ich lieber keine Lösung mehr angab, weil das einfach normaler war. So lernte ich leider, dass kein Ergebnis besser für mich ist, als ein richtiges Ergebnis auf meine ganz eigene Art zu finden. Ich bemühe mich seit Jahren, das wieder zu verlernen. Der Wissenserwerb fällt vielen autistischen Menschen sehr leicht, wenn sie es auf ihre eigene Art tun dürfen. Eine große Rolle spielen auch die Spezialgebieten, über die sich auch andere Areale eröffnen lassen und dem Menschen somit den Weg in die Gemeinschaft ebnen können. Sehen wir diese Spezialinteressen als Türen zu neuen Orten, sehen wir die Potentiale autistischer Menschen, anstatt sie als Sonderlinge und merkwürdige Käuze abzutun. Ich nutze meine kognitiven Fähigkeiten besonders intensiv beim Stimming. Mentales Stimming ist immer und überall anwendbar und ermöglicht es mir, während meiner Vorträge relativ ruhig vor meinem Publikum zu stehen, die Menschen anzuschauen und zu ihnen sprechen zu können. Während ich also über meinen Autismus spreche, zähle ich im Kopf zweisprachig rückwärts oder sage Schaltjahre auf, zähle die Deckenpaneele oder oder oder.

7. Kommunikation

Bei Kommunikation denken die meisten Menschen zuallererst an gesprochene Sprache und einige leider nur an an diese. Kommunikation ist aber weit mehr als das. Kommunikation ist der Austausch von Informationen und als solche eine sehr wichtige Sozialhandlung. Dieser Austausch kann auf ganz unterschiedliche Arten geschehen. Autistische Menschen kommunizieren viel und auch sehr gern, aber eben anders als die Mehrheit der Menschen. Probleme entstehen hierbei in dem Wie der kommunikativen Handlung und damit natürlich auch als Ergebnis unserer Kommunikation. Missverständnisse entstehen ganz schnell und fast von allein und nur wenige werden erfolgreich aufgeklärt.

Ich war und bin oftmals sehr allein in und nach Gesprächen mit anderen Menschen. Worte sind nicht meine Sprache. Zum Glück habe ich sehr zeitig gelernt, dass meine Umgebung meine Signale entweder nicht als Kommunikation wahrnimmt oder sie nicht zu deuten weiß. Also habe ich mir ihre Zeichen angeeignet. Das war mühsam, aber es hat sich gelohnt. Da nicht-autistische Menschen zur Interpretation neigen anstatt nachzufragen, entstehen immer wieder Situationen, die für beide Seiten gleichermaßen unangenehm oder gar verwirrend sind. Als mich meine Anwältin vor kurzem fragte, ob man in England auch Standesamt sagt, antwortete ich: „Nein, denn die sprechen ja Englisch." Sie lachen darüber, ich jetzt auch, aber hier hat mich mein Sprachverständnis im Stich gelassen. Ich habe wieder einmal wörtlich genommen, was gesagt wurde. Aber es wird mir mittlerweile schneller bewusst und ich kann mich dann korrigieren. (Jetzt bitte nicht das Experten-Team hinzuziehen, Standesamt heißt auf Englisch registry office.)

Unzählige Möglichkeiten, mit der ganzen Welt relativ stressfrei zu kommunizieren, schenkt uns das Internet. Besonders für autistische Menschen ist das eine Chance sich mit anderen austauschen zu können und an Informationen zu gelangen, die ihnen sonst verwehrt blieben. Ich bin von ganzem Herzen dankbar, dass ich mir diese Informationsquelle erschließen konnte und in sozialen Netzwerken auf sicherer Distanz Menschen begegnen kann. Das mag nicht jeder so sehen, aber richtig genutzt, sind die neuen Medien eine absolute Bereicherung. Ich hätte mir gewünscht, schon als Kind einen Zugang zu solch einer Fülle an Informationen zu haben und an diese auf einfachste Art und Weise zu kommen. Über Laptop oder Tablet gelange ich jederzeit ohne Stress an Informationen, die früher eine oder mehrere Begegnungen mit Menschen erfordert hätten. Über soziale Netzwerke kann ich auf für mich sicherem Weg mit den Menschen kommunizieren, mit denen ich kommunizieren möchte, und ich kann es auf die Art tun, die mir die liebste ist, schriftlich und mit großem Abstand. Ich habe mehr Zeit zu überlegen als im direkten Gespräch und auch Zeit, im Internet zu recherchieren oder mir Unbekanntes zu googeln. Ich muss nicht auf Gestik und Mimik achten und auch keinen Blickkontakt herstellen. E-Mails liegen mir deshalb viel mehr als Telefonkonversationen.

Als einen großen Vorteil sehe ich die Vernetzung mit anderen autistischen Menschen weltweit, so kann ich Teil einer Gemeinschaft sein, die mich so akzeptiert, wie ich bin, und von der ich mich verstanden fühle. Auch für Aktionen und Projekte wie mein Kunstprojekt „The Art of Inclusion“ ist das Internet eine wahre Goldgrube. Es kennt, so wie der Autismus, auch keine geographischen Grenzen, unterscheidet nicht nach Hautfarbe oder zwischen Arm und Reich. Es verbindet. Ich kann im Internet einkaufen und mir die Sachen direkt ins Hause liefern lassen, Filme schauen, ohne mich mit Hunderten von Menschen in einem Kinosaal arrangieren zu müssen. Ich kann mithilfe eines Laptops und einer Webkamera einem Menschen gegenüber sitzen, ohne dies wirklich zu tun. Ich kann mir all die Hilfsmittel auf mein Tablet laden, die ich brauche, um in der Welt zu bestehen. Viele davon sogar kostenlos. Somit helfen mir die neuen Medien enorm beim Finden von Kompensationsstrategien, ohne die ich sonst verloren wäre. Sie geben mir Sicherheit und motivieren mich zur Teilhabe am gesellschaftlichen Leben. Ich kann mir gut vorstellen, dass es so manchem Nicht-Autisten ähnlich geht, obwohl Kommunikation bei Ihnen einfach ein Teil Ihres Alltags ist. Sie bereitet Ihnen keine allzu großen Probleme, so dass Sie nicht ständig darüber nachdenken müssen. Wie die anderen Programme läuft dies alles unterbewusst ab, bis etwas Unvorhergesehenes passiert oder ein Problem auftritt, so zum Beispiel wenn Sie auf einen Menschen treffen, der anders kommuniziert, als Sie es gewohnt sind und Ihre Erwartungshaltung damit enttäuscht. Dies kann jemand aus einem anderen Kulturkreis sein oder ein Mensch mit einer anderen Wahrnehmung als der Ihren, ein Autist vielleicht. Nun treten fast sofort Missverständnisse auf und die Kommunikation ist nicht mehr selbstverständlich, sondern wird sehr schnell problematisch. Jetzt muss Ihr Experten-Team ran. Wie anstrengend das ist, weiß jeder von Ihnen.

Kommunikation findet auf vielen Ebenen statt. Sie kann verbal, aber eben auch nonverbal sein. Schon die Augen eines Menschen, sein Gesichtsausdruck oder seine Körperhaltung können Bände sprechen. Es muss kein Wort fallen und zwei Menschen verstehen sich. Aber genauso schnell geht es auch mit dem Missverstehen. Was für den einen bei Tisch als höflich gilt, kann für den anderen aufgrund der ihm in seinem Kulturkreis beigebrachten sozialen Regeln absolut inakzeptabel sein. Da man sich aber ganz bequem auf das Erfahrungs- und Erwartungszahnrad verlässt, wird oft weder groß nachgedacht noch darüber gesprochen. Im Zuge der Globalisierung bringt das mittlerweile erhebliche Konsequenzen mit sich. So selbstverständlich ist Kommunikation also doch nicht. Die Begegnung mit autistischen Menschen zeigt dies wohl sehr deutlich und bietet uns allen eine Chance unsere Kommunikation miteinander zu verbessern und Missverständnisse als unmittelbare Folgen von Kommunikation gar nicht erst entstehen zu lassen.

7.1. Nonverbale Kommunikation

Sprache ist ein wichtiges Werkzeug, das mir eine ganze Welt der Kompensationsstrategien eröffnet hat. Dies gilt auch für die nonverbale Kommunikation. Nur 7 % des Anteils der Botschaft, die ein Mensch einem anderen Menschen übermitteln möchte, ist gesprochenen Sprache. 23% der Information werden durch die Intonation, also den Tonfall der Stimme, mitgeteilt. Das ist schon eine ganze Menge. Aber sage und schreibe 70% werden allein über die Körpersprache, also nonverbal, ausgedrückt. Vielleicht erkennen Sie jetzt schon, warum Kommunikation für autistische Menschen sehr schwierig ist. Es fällt mir, wie vielen autistischen Menschen, sehr schwer, Gestik und Mimik anderer Menschen zu deuten. Eine Begegnung mit Menschen ist immer eine große Herausforderung für mich. Wenn ich die Menschen gut kenne, dann bin ich nicht ganz so gestresst wie bei neuen Menschen oder bei jenen, die weiter von mir weg stehen. Ich kann besser zuhören, wenn ich nicht schauen muss, Gesagtes besser aufnehmen und verstehen, wenn ich nicht auch noch die visuellen Reize verarbeiten muss. Dies bedeutet aber, dass mir zum größten Teil die Mimik und Gestik meines Gesprächspartners entgeht. Das können dann bis zu 70% der Information sein, die ich benötige, um adäquat reagieren und damit Missverständnisse vermeiden zu können. Die Intonation ist ein weiteres Problem und hier gehen mir dann noch einmal bis zu 23% verloren. Bleiben unterm Strich die 7% reine Sprache übrig, mit denen ich auskommen muss und aus denen ich mir den Sinn des Gesagten erschließen muss. Ist der Stresslevel besonders hoch, dann kann es sogar noch weniger sein. Am Ende eines Tages oder in Gesprächen mit mehreren Personen muss ich dann oft zugeben, dass ich gerade nichts mehr verstehe. Das hat nichts mit meiner intellektuellen Fähigkeit des Verstehens zu tun, sondern mit dem Stress, dem ich gerade ausgesetzt bin. Ich kann dies gegenüber vertrauten Personen mittlerweile gut verbalisieren, aber bei Fremden, die zudem nichts von meinem Autismus wissen, schaffe ich das noch nicht. Ich versuche dann einfach durchzuhalten und antworte so neutral und ausweichend wie möglich.

Als ich im Alter von knapp 20 Jahren nach England ging, erlebte ich Folgendes als sehr erleichternd: Sobald man dort wusste, dass ich aus Deutschland kam, zu dem noch aus dem Osten, nahm man sofort an, dass mein Englisch nicht sehr gut sei. Dies hatte die positive Folge, dass die Menschen sehr langsam mit mir sprachen und viel wiederholten, dass sie sich nicht wunderten, wenn ich nicht sofort antwortete, sondern verwirrt guckte und als Reaktion nur mit den Schultern zuckte oder dünn lächelte. Niemand erwartete von mir, dass ich an Gesprächen teilnahm oder Small Talk führte. Es war wunderbar und gab mir Zeit für meine Beobachtungen. Ich konnte in Ruhe lernen und abspeichern. Die Sprache eignete ich mir hauptsächlich über das britische Kinderfernsehen CBBC an, wo langsam und deutlich gesprochen und immer mit Bildern gearbeitet wurde. Bilder sind ganz wichtige Hilfsmittel für mich, um Sprache zu verstehen und zu behalten.

Sprache ist flüchtig. Wie eine Wolke ist sie da und löst sich aber auch genauso schnell wieder auf. Bilder oder Geschriebenes dagegen ist fassbar und ich kann es behalten, kann mir so viel Zeit nehmen es zu verstehen, wie ich brauche. Ein kleiner Experte in der non-verbalen Kommunikation ist mein Sohn Elijah, der nur ganz selten gesprochene Sprache anwendet. Elijah spricht mit den Augen und mit Mimik und Gestik. Er kommuniziert, indem er uns führt und neuerdings auch über Objekte. Es war ein langer Weg bis hierhin. Wir haben viele Dinge ausprobiert und ihm immer wieder verschiedenste Möglichkeiten der Kommunikation angeboten. Die Kommunikation über Bildkarten funktionierte nur bis zu einem bestimmten Level. Als er merkte, dass wir eine Erwartungshaltung ihm gegenüber hatten, konnte er nicht mehr auf diese Art kommunizieren, da sie nun sofort Selbstkonfrontation auslöste, gegen die er nicht gewappnet war (siehe dazu auch Kapitel 10.1. Selbstwahrnehmung). Ein immens teurer und nach langem Kampf mit der Krankenkasse endlich genehmigter Sprachcomputer half ihm nicht weiter, da Elijah sich auditiv sehr schnell so hochfährt, dass ein Kommunizieren nicht möglich ist. Er drückt die Sprachtasten, um das Wort des Klanges wegen zu hören, und wenn es ihm gefällt, wie das Wort „Nein“, dann drückte er das immer wieder. Es geht ihm dabei nur um den auditiven Reiz. Von dem kommt er dann aber nicht von allein wieder los, was bis hin zur Kampfreaktion führen kann. Er entwickelte auf diese Weise fast eine Art elektronische Echolalie (die Wiederholung von Wörtern und/oder Sätzen, eigener oder die des Gesprächspartners). Momentan arbeiten wir in unserer Kommunikation mit ihm mit Bildkarten, um ihm auf nonverbale Weise seinen Tagesablauf zu vermitteln. Außerdem nutzen wir kleine Bild-Geschichten, um ihm einfache Abläufe zu verdeutlichen. Da er ein sehr visueller Typ ist und diese Art Reize ihn nicht so schnell überfordern, kann er dies gut annehmen. Er schaut sich die Bilder intensiv an und zeigt in seinem Verhalten deutlich, dass auch für ihn die Bilder zur Unterstützung der gesprochenen Sprache notwendig sind. Auch Gebärdensprache könnte eine Möglichkeit des kommunikativen Ausdrucks sein. Elijahs großes Problem ist auch hier die Selbstkonfrontation, weil wir wieder etwas von ihm einfordern. Aber was heute nicht funktioniert, das kann morgen vielleicht schon klappen. Wie bei so vielen Dingen gilt es dran zu bleiben und immer wieder auszuprobieren. Natürlich begleiten wir auch weiterhin alles mit Sprache, denn Elijah kann hören und auch verstehen. Man darf nicht den Fehler machen, dass man mit einem Menschen nicht mehr spricht, nur weil dieser nicht spricht oder nicht über aktive Sprache verfügt.

Elijah wird oftmals die Fähigkeit des Hörens und Verstehens von Sprache abgesprochen. Als Folge dessen wird er nicht mehr direkt angesprochen. Damit wird er zum Teil sehr ausgegrenzt, was er merkt. Er bekommt keine Rückmeldung und die Gefahr ist, dass er seine Signale wieder einstellt. Dass er kommunizieren will, das zeigt er jeden Tag. Er strahlt Menschen, die er mag, zu denen er Kontakt aufnehmen will, mit dem schönsten Lächeln an. Er wirft ein Buch oder Spielzeug in ihre Richtung, um zu sagen, schön, dass du da bist. Er klettert auf unseren Schoß, um uns zu zeigen, dass er uns mag, aber er schubst uns auch weg, wenn er allein sein möchte. Seit kurzem bringt er mir seine Wasserflasche, wenn er trinken will, oder tippt auf die

Brotdose, wenn er noch Hunger hat. Es sind kleine Schritte, aber es sind immer mehr Schritte in Richtung einer Kommunikation, die auch andere Menschen verstehen können. Wir müssen nun gut aufpassen, dass er in seiner kommunikativen Handlungen immer positiv verstärkt wird und eine entsprechende Rückmeldung bekommt, die ihn ermutigt, es weiterhin zu versuchen und dranzubleiben. Die Nachricht an ihn muss sein, dass man ihn verstehen will, auch wenn er noch nicht verstanden wird. Ein Mensch, der auf seine Versuche der Kommunikation nur Ablehnung erfährt, hört irgendwann auf, seinerseits Zeichen zu geben. Autistischen Menschen ist es nicht angeboren, auf Zeichen andere ebenfalls mit Zeichen zu reagieren. Es muss erst erlernt werden. Dazu muss man ihnen auch erklären, welche Vorteile Kommunikation für sie haben kann.

7.2. Verbale Kommunikation

Ich habe sehr zeitig zur Sprache gefunden und diese auch sehr früh als Werkzeug erkannt und genutzt. An meinem ersten Geburtstag bekam ich eine Weichkörperpuppe geschenkt, die ich aufgrund ihrer ausgeprägten Hypotonie sogleich auf den Namen „Schlenkermine“ taufte. In der Kinderkrippe wartet ich ungeduldig darauf, dass auch die Anderen endlich zur Sprache finden würden. Obwohl mir in so vielen Dingen von Anfang an haushoch überlegen, hingen sie mir in diesem Punkt doch eher nach. Sprache war etwas, was ich früh gut beherrschte, sodass niemand auch nur ahnen konnte, dass Worte nicht meine eigentliche Sprache sind. Schon im Kindergartenalter begannen mich auch Fremdsprachen zu faszinieren. Ich las die englischen Gebrauchshinweise bei elektrischen Geräten und die niederländische Waschanleitung auf dem Waschpulver meiner Mutter. Mit ca. 8 Jahren hatte ich eine intensive Phase des Französisch Sprechens. Ich konnte nicht mehr als nur ein paar Worte Französisch. Den Rest imitierte ich aber so erfolgreich, dass es Leute gab, die glaubten, ich sei Muttersprachler. Ich liebte alles, was mit Sprache zu tun hatte - Lexika, Wörterbücher und überhaupt Bücher, obwohl ich beim Lesen keine bildhaften Vorstellungen von dem entwickeln konnte, was ich da las. Deshalb waren mir Fachbücher lieber als Romane oder Erzählungen. Ich habe es immer noch nicht geschafft in Worten oder Bildern zu denken. Ich denke in Gefühlen und das macht es mir sehr schwer, von mir zu erzählen, mich anderen mitzuteilen. Ich muss Worte immer übersetzen, von Wort in Gefühl und andersherum. Das braucht nicht nur Zeit, sondern, ja, ganz richtig, vor allem Energie.

Es kostete mich als Kind sehr viel Kraft nur auf Fragen wie „Wie geht's?" oder „Wie war dein Wochenende?" zu antworten. Ich konnte mit solchen Fragen auch so schon nicht viel anfangen. Ich verstand sie nicht und wusste nicht, was man von mir als Gegenleistung erwartete. Das habe ich aber mit der Zeit gelernt und auch, welche Fragen man wem und wann wie ehrlich und ausführlich beantwortet. Ich merke mir Fragen und Antworten, um dann in neuen Situationen nicht ganz unbewaffnet dazustehen. Was ich oft außer Acht lasse, ist der Kontext, weswegen ich immer noch oft genug in Fettnäpfchen trete. Trotz meiner Fähigkeit, mich verbal ausdrücken und Sprache auch als Kompensationsstrategie nutzen zu können, ist es mir bis heute nur schwer möglich, einfachste Bedürfnisse auszudrücken, weil dies meine Selbstwahrnehmung sofort hochfährt. Das Monologisieren zu einem meiner Lieblingsthemen ist dagegen kein Problem, gern auch vor hundert Leuten. Ich bin nicht in der Lage, direkt nach etwas zu fragen, sondern muss warten, bis ein anderer das Thema erwähnt oder die Aktion ausführt, und versuche mich dann anzuschließen, was aber auch nicht immer gelingt. Als Kind habe ich dann häufig versucht, Menschen in die Richtung zu drängen, in der ich sie brauchte, sie dazu zu bringen, etwas Bestimmtes zu sagen oder mich zu fragen. Natürlich mussten sie so fragen, dass ich antworten konnte. Ich weiß, dass dies von vielen nicht-autistischen Menschen als Manipulieren verstanden und deshalb abgelehnt wird. Aber es ist eine Kompensationsstrategie, um etwas zu bekommen, nach dem ich nicht von allein, nicht selbst fragen kann. Auf diese Art und Weise halte ich die

Selbstwahrnehmung sehr gering und verhindere eine Selbstkonfrontation. Nur so war es mir als Kind möglich, meine Bedürfnisse zumindest etwas auszudrücken. Ich habe mittlerweile gut gelernt, Fragen zu stellen und effektiv zu kommunizieren, was ich brauche und warum. Auch hier gilt, mit vertrauten Menschen funktioniert das besser als mit fremden Personen. Je höher der Stresslevel ist, desto mehr nimmt mein Sprachvermögen ab und es kann zu einem ungewollten Mutismus kommen.

Auch Echolalie kenne ich nach wie vor an mir, arbeite aber daran, da ich nunmehr weiß, dass und wie sehr es andere Menschen nervt. Mir geht es zwar gut damit, denn es gibt mir Sicherheit, aber um in der Gemeinschaft anerkannt zu werden, muss ich mehr Kontrolle darüber haben. Es gibt Tage, da scheint es überhaupt nicht funktionieren zu wollen, aber ich arbeite daran, diese Echolalie auf eine mentale Ebene zu verlegen, denn wenn ich die Frage „Geht es dir gut?“ oder den Satz „Ich bin hier.“ tausendmal im Kopf sage, so stört das keinen Menschen. Auch hier wird deutlich, dass man sich bewusst sein muss, was innerhalb der Gruppe, zu der man gehören will, geht und was nicht, damit man nach Lösungen suchen kann, die einerseits für einen selbst, aber auch für die Gruppe funktionieren. Eine Kompensationsstrategie, die dies beides gleichzeitig vermag, ist wie ein Sechser im Lotto. Ich hoffe, ich habe Ihnen hiermit deutlich gezeigt, dass auch dann, wenn ein autistischer Mensch über eine gut funktionierende Sprache verfügt und diese auch effektiv anwenden kann, dies noch lange kein Indikator für sein Sprachverständnis ist.

7.3. Sprachverständnis

Was Sie sagen, ist nicht immer, was ich verstehe, weil ich auch gesprochene Sprache anders wahrnehme. Obwohl meine Leistungen in der Sprachausgabe ausreichend sind, kann und darf dies kein Indikator für mein Sprachverständnis sein. Denn Sprache zu verstehen fällt mir auf verschiedenen Ebenen schwer. Es ist, wie immer bei Autismus, kein einfaches, sondern ein sehr komplexes Problem. Zum einen hängt es von meiner Wahrnehmung meines Gegenübers ab, die von ausgezeichnet bis hin zu fast nicht vorhanden reichen kann. Das heißt, es gibt Menschen, die habe ich ganz klar und deutlich auf dem Schirm, und es gibt aber auch jene, die ich ganz schlecht bzw. immer nur sehr kurz wahrnehmen kann. Wenn ein solcher Mensch mit mir spricht, dann kann es sein, dass ich ihn sprachlich nicht richtig fassen kann. Seine Sprache scheint sich sofort aufzulösen, wird aufgesaugt. Das macht es mir fast unmöglich, diesen Menschen zu verstehen. Dann muss ich versuchen mir das Gesagte durch Lippenlesen visuell zu erschließen. Bis zu einem gewissen Grad machen das alle Menschen. Das Gehirn holt sich nämlich für das Sprachverständnis nicht nur Informationen aus dem Hören, sondern auch aus dem Sehen. Um Energie zu sparen, wird Ihnen das aber nicht immer bewusst. Sie haben doch bestimmt schon mal einen fremdsprachigen Film gesehen, bei dem Ihnen trotz ausgezeichneter Synchronisation aufgefallen ist, dass die Lippenbewegungen nicht zu den von Ihnen gehörten Worten passen.

Um sich einmal bewusst zu machen, wie Ihr Gehirn den Höreindruck zusätzlich absichert, schauen Sie sich einfach mal den McGurk-Effekt näher an, der die Beeinflussung eines akustischen Reizes durch das unterbewusste Lippenlesen sehr beeindruckend zeigt. Im Internet finden sich unter anderem Videos, mit deren Hilfe Sie sich dieser audio-visuellen Täuschung selbst aussetzen können. Zum sofortigen Verständnis folgendes: Beim McGurk-Effekt wird einem Probanden ein Video vorgespielt, auf dem eine Person zu sehen ist, die zwar die Silben Ga-Ga ausspricht, zu hören sind aber die Silben Ba-Ba. Die meisten von Ihnen werden beim Anschauen des Videos die Silben Da-Da wahrnehmen, da Ihr Gehirn sowohl die Information aus dem auditiven Reiz (Ba-Ba) als auch aus dem visuellen Reiz (Ga-Ga) verarbeitet und es aus bereits gemachten Erfahrungen weiß, dass Ton und Lippenbewegung in einem direkten Zusammenhang stehen. Es entscheidet, Ihnen die Silben Da-Da als Wahrnehmung, als Modell der Welt zu präsentieren und damit sind Sie recht zufrieden. Dies ist ein weiteres sehr gutes Beispiel dafür, dass wir eben nicht wissen, was Realität ist, sondern nur was sie nicht ist und dass wir immer nur auf unsere Wahrnehmung der Welt reagieren können. Ganz wichtig, dieses Abbild der Realität kann für jeden von uns ein anderes sein, was dazu führt, dass wir in der gleichen Situation sehr unterschiedlich reagieren. Genau aus diesem Grund ist es so wichtig, Autismus als andere Wahrnehmung zu verstehen.

Aber noch einmal zurück zu meinem Lippenlesen. Es ist eine gute Kompensationsstrategie, die jedoch weitere Probleme mit sich bringt, da sie ein Anschauen des Gesprächspartners erfordert, welches zu noch mehr Problemen führt, da dies meine Selbstwahrnehmung hochfährt. Das Wissen darum kreiert schon im Vorfeld eine gewisse Spannung, da ich nie weiß, wie gut ich Menschen, denen ich begegne, auch auditiv wahrnehmen kann. Hierin begründet sich auch der Rückzug gegen den ich immer wieder neu ankämpfen muss. Die einzig effektive Kompensationsstrategie außer dem Lippenlesen ist ein offener Umgang mit der Situation, das heißt, ich bitte einen anderen, für mich gut wahrnehmbaren Menschen, mir zu wiederholen, was der „Wolkenmensch" gesagt hat. Aber das ist nicht immer einfach, manchmal schlicht unmöglich.

Ein zweites Problem ist meine eher langsame Sprachverarbeitung, denn ich muss gesprochene Sprache so übersetzen, dass ich den Sinn erkennen kann. Ich muss Ihre Worte anders ordnen bzw. aufbereiten, da ich Sprache und Worte nur über Fühlen verstehen kann. Fühlen, das ist meine Sprache, die sich so aber eben nicht oder nur sehr schwer verbal vermitteln lässt. Ich versuche, Ihre Worte meinem Gefühlten zuzuordnen. Auf diese Weise ist über Jahre hinweg in meinem Kopf ein riesiges Memory entstanden, bei dem ich Wort-Gefühl Paare bilde und diese abspeichere. Wie beim richtigen Gedächtnisspiel, mache ich auch bei meiner neurologischen Version Fehler, in dem ich zwei Karten aufdecke, die ich irgendwann falsch gepaart habe. Dann verwende ich ein Wort, was in Ihrem Sprachgebrauch nicht passt.

Ein gutes Beispiel dafür ist mein Empfinden, dass ich mich als *vermisst* empfinde, wenn ich irgendwo bin, wo ich eigentlich nicht sein sollte, wenn wir uns vielleicht verfahren haben oder ein Seminar in einem anderen Raum als vorgesehen stattfinden soll. Dann habe ich bisher immer gesagt, dass ich *vermisst* bin. Durch unzählige Gespräche mit meinen Lebensgefährten habe ich dies erst vor kurzem korrigieren können. Ich habe wohl irgendwann das Gefühl, das ich für eine solche Situation habe, mit dem Wort „vermisst sein" gepaart. Damit habe ich dann jedes Mal ein Paar aufgedeckt, das eigentlich gar keins war. An diesem Beispiel ist mir bewusst geworden, wie unendlich hilfreich die Gespräche mit Menschen sind, die bereit sind mir geduldig die Bedeutung von Worten zu erklären, so dass ich die richtigen Paare bilden kann. Ich denke, dass ich noch eine ganze Menge meiner Paare überarbeiten muss. Das kann ich aber nur, wenn ich darauf aufmerksam gemacht werde, dass ein von mir verwendetes Wort nicht in diesem Kontext verwendet wird oder nicht diese Bedeutung besitzt. Oftmals rufen solche Situationen bei meinen Gesprächspartnern neben der Verständnislosigkeit auch ein gewisses Maß an Humor hervor. Überhaupt scheint es mir, dass mich mein anderes Sprachverständnis und meine zum Teil sehr spezifische Sprachausgabe oft zum Clown wider Willen machen. Obwohl ich als Kind nicht gleich verstanden habe, warum das so ist, so habe ich es doch auch schon damals als Verschleierungstaktik entdeckt und genutzt. Mein angeblicher Sinn für Humor ermöglichte mir einen gewissen Anschluss an Gleichaltrige und gab mir somit einen Platz. Und wenn es auch nur der des Klassenkaspers war, so war es doch ein Platz, auf den ich sehr lange sehr stolz war. Ich lernte, ein Schauspieler zu sein, ich begriff die Notwendigkeit eines Ichs und begann mir ein passendes zu schneidern. So gelang es mir letztendlich, die Gefahr der ständigen Selbstkonfrontation zu bannen (Mehr dazu im Kapitel 10.1.

Selbstwahrnehmung). Auch heute ernte ich in meinem Alltag noch viel Gelächter.

Aber schauen wir uns die vielen linguistischen Fettnäpfchen an, in die man als autistischer Mensch jede Minute treten kann. Bei der Erwähnung des Ausdruckes „in ein Fettnäpfchen treten“ hätte ich als Kind sofort auf den Boden geschaut. Sie ahnen es, wir sind beim Wörtlich-Nehmen, welches mich bis heute beinahe täglich immer wieder vor große Herausforderungen stellt. Ich versuche mir auch hier zu merken, dass eine Pudelmütze nichts mit einem Hund zu tun hat oder dass ich bei „Komm hau ab!“ gehen soll. Es wird besser, aber es gibt immer wieder Situationen, in denen ich nur auf das reagiere, was wirklich gesagt wird. Als erwachsener Mensch bekommt man dafür dann nicht mehr das Verständnis, welches einem Kind doch noch entgegengebracht wird. Als mir neulich erzählt wurde, dass jemand den Löffel abgegeben hat, da habe ich gefragt, ob derjenige jetzt mit einer Gabel isst. Sie schmunzeln, stimmt´s? Kein Problem, dieses Buch soll ja auch unterhalten. In meiner Schulzeit sagte einmal ein Lehrer, dass er mir wegen der vergessenen Hausaufgaben dieses Mal noch nicht den Kopf abreißen würde. Jetzt lachen Sie, richtig? Heute kann ich darüber auch lachen, aber damals war ich eine Zeit lang wirklich besorgt. Erst als ich sah, dass sich die Klassenstärke trotz regelmäßig vergessener Hausaufgaben nicht verringerte, konnte ich etwas entspannen. Ich bin also ziemlich oft der Verursacher von Humor, den ich als solchen eigentlich nicht besitze. Mein Humor entsteht in der Begegnung zweier sehr unterschiedlicher Wahrnehmungen. Ich sehe es mittlerweile gelassen und als ein

Potenzial. Ich kann Menschen zum Lachen bringen. Lachen ist gesund. Ich selbst habe mit Witzen große Probleme, weil ich sie nur selten erkenne und eben nicht verstehe. Ich bin froh, wenn der Erzähler seinen Witz ankündigt. Dann kann ich mich zumindest etwas darauf einstellen. Ich weiß dann, dass es lustig werden wird und ich am Ende der kleinen Geschichte eine entsprechende Reaktion zeigen muss. Das kann von einem Lächeln über Lachen bis hin zu Schenkel klopfen und nach Luft schnappen alles sein. Da muss man wieder sehr aufpassen, denn wer bei einem Schenkel-Klopfer-Witz nur lächelt, aber bei einer nur leicht lustigen Anekdote Tränen lacht, der fällt auf. Ich achte sehr auf die anderen Beteiligten, wenn ein Witz erzählt wird, und orientiere mich dann an deren Verhalten. Um auch mal einen Witz erzählen zu können, speichere ich nicht nur die mir erzählten Witze ab, sondern auch wie sie erzählt wurden. So imitiere ich die ganze Sache eigentlich nur und hoffe darauf den gleichen Effekt zu erzielen. Es gibt durchaus auch Witze, die mich zum Lachen bringen, doch meist lacht über diese kein anderer. Im Alltag muss ich fragen, ob ein Mensch etwas ernst meint oder gerade einen Witz macht. Ich finde es besser zu fragen, als nicht der Erwartung des Anderen entsprechend reagieren zu können. Auch bei Sprichwörtern muss ich nachfragen, sie mir erarbeiten und dann abspeichern. Mittlerweile traue ich mich auch selbst, Sprichwörter und Redewendungen anzuwenden, mit mehr oder weniger Erfolg. Erst letztens meinte ich mal wieder in einer „verzwickten Mühle“ zu stecken und warum der Spatz in der Hand besser sein soll als die Taube auf dem Dach, wenn man doch die Taube haben will, das ist mir allerdings bis jetzt immer noch nicht klar.

Mir wird oft unterstellt, dass ich sarkastisch oder ironisch sei, obwohl ich es nicht bin. Die Art und Weise jedoch, in der ich Dinge mitteile, löst dieses Empfinden wohl bei meinen Mitmenschen aus. Sarkasmus und Ironie sind zwei Sachen, die ich überhaupt nicht verstehe. Im Nachhinein kann ich mit Hilfe von Erklärungen schon sehen, dass es sich um eines der beiden handelt und vielleicht auch, warum der Sprecher zu diesem sprachlichen Mitteln gegriffen hat. Ich habe gelernt, dass Menschen sagen „Toll gemacht“, obwohl wir beide wissen, dass es nicht wirklich so ist. Ich weiß, dass ich auf die Intonation achten muss, um zu wissen, wie etwas gemeint ist. Als ich in der Schule nicht gleich der Aufforderung, an die Tafel zu kommen, nachgekommen bin, fragte der Lehrer, ob er mir eine Einladung schicken solle. Ich war verwirrt. Als ich ihm dann höflich mitteilte, dass er mich auch gleich jetzt und hier einladen könne, denn so würde er sich Zeit und auch die Briefmarke sparen, bog sich die gesamte Klasse vor Lachen. An der Art, wie er es gesagt hat, hätte ich erkennen müssen, dass er das nicht ernst meint. Sie erinnern sich: Intonation = 23% der Sprachbotschaft. Da ich ihn nicht angeschaut habe, verlor ich nun noch die 70% Information, die nonverbal über Mimik und Gestik übermittelt werden. Ich habe versucht das Beste aus den verbleibenden 7% zu machen.

Lange habe ich nach solchen Situationen nicht gewusst, was da eigentlich abgelaufen ist, und habe einfach nur tapfer die Konsequenzen ertragen. Ich war ein einsames Kind. In dieser Zeit erschien es mir zum Teil wirklich so, als wäre ich von einem anderen

Planeten. Ich habe damals verstanden, dass ich versuchen muss, so zu sein wie die anderen auch, und habe sie intensiv beobachtet und imitiert, ich habe mir auch aus dem Fernsehen Verhaltensweisen abgeschaut, die ich für mich als förderlich gesehen habe. Auch Körperhaltung und -bewegungen habe ich mir mühsam von anderen Menschen abschauen und imitieren lernen müssen, denn meine Körperwahrnehmung war so gering, dass ich auch auf diesem Gebiet immer wieder im wahrsten Sinne des Wortes aneckte.

8. Körperwahrnehmung

Sitzen Sie gerade gut? Erst durch diese Frage angeregt, beginnen Sie sich darüber bewusst zu werden, wie Sie sitzen und in welcher Position Sie sich in diesem Moment befinden. Jetzt erst spüren Sie Ihren Rücken an der Lehne des Stuhles, Ihre Oberschenkel auf der Sitzfläche und Ihre Füße auf dem Fußboden. Ohne hinzuschauen wissen Sie genau, wo Ihr Körper den Stuhl oder Boden berührt und wie Ihre Füße stehen. Ich kann das nicht. Meine Körperwahrnehmung ist dafür zu gering. Doch auch Sie nehmen Ihren Körper die meiste Zeit Ihres Daseins nicht bewusst wahr, denn Ihre Aufmerksamkeit ist auf die Umgebung gerichtet, nicht auf Ihr Innerstes. Das ist bei mir anders. Ich muss schauen, um zu wissen, ob und wie ich sitze, wo meine Füße sind und was die Arme machen.

In der Schule habe ich nach dem Melden oft vergessen den Arm wieder herunter zu nehmen, weil ich so mit der Antwort (und den vielen anderen Reizen) beschäftigt war. Ich habe ihn einfach vergessen. Wie meine Lehrer darauf reagiert haben, können Sie sich anhand Ihres Erwartungs- und Erfahrungszahnrades bestimmt denken. Die Körperwahrnehmung ist so etwas wie das Stiefkind bei den Sinneswahrnehmungen. Schon Aristoteles hat nur 5 Sinne beschrieben und dem so wichtigen Körpersinn gar keine Beachtung geschenkt. Auch kluge Gelehrte und Experten irren. Noch heute gibt es unterschiedliche Meinungen über die Anzahl der Sinne, die ein Mensch hat. Die meisten Menschen beantworten die Frage nach den Sinnen jedoch mit 5. Nein, 3, widersprechen nun die Physiker.

Vielleicht liegt es daran, dass der Körpersinn kein spezifisches Organ hat. Vielmehr nehmen wir unseren Körper über mehrere Teilsinne wahr. Ich bin der Meinung, dass der vestibuläre Sinn (der Gleichgewichtssinn) zusammen mit der Fähigkeit zur Wahrnehmung (Propriozeption) des eigenen Körpers unseren ganz wichtigen 6. Sinn bildet. Dieser ist unter ganz unterschiedlichen Namen bekannt, aber egal, ob wir Körperschema, Körpersinn oder auch anglisiert Body Image dazu sagen, so meinen sie doch alle annähernd das Gleiche – Körperwahrnehmung oder auch das Modell des eigenen Körpers. Ein weiteres Modell also, welches in unserem Gehirn entsteht.

Ganz selbstverständlich schaffen Sie es mit geschlossenen Augen Ihre Nase mit dem Zeigefinger zu berühren. Hat es geklappt? Ihre Propriozeption ist hervorragend und das ist auch gut so. Sie wären sonst nicht in der Lage Besteck, Schere oder Hammer zu benutzen. Diese Werkzeuge werden Teil Ihres Körperschemas, das heißt, dass Sie beim Malen Ihren Körper bis in die Spitze des Pinsels ausdehnen. Beobachten Sie auch mal, wie Sie reagieren, wenn Sie beim Autofahren eine besonders enge Stelle passieren müssen und es an den Außenspiegeln knapp wird. Sie sind das Auto oder anders herum, das Auto ist Teil Ihres Körpermodells geworden. Dazu gibt es ein sehr beeindruckendes Experiment, das sich Gummihand-Illusion nennt. Eine Testperson nimmt dabei eine Gummihand oder auch den bloßen Tisch in ihr Körperschema auf und reagiert somit auch auf jede Bedrohung dieser Hand oder des Tisches. Probieren Sie das doch einfach mal aus. Setzen Sie eine Person an einen Tisch. Wenn Sie keine Gummihand haben, dann reicht ein Handschuh oder auch nur der Tisch aus. Eine Hand der Versuchsperson wird auf den Tisch gelegt und die andere auf den Oberschenkel unter dem Tisch. Eine zweite Person beginnt nun die Hand auf dem Oberschenkel und die Gummihand bzw. den Handschuh oder den Tisch synchron rhythmisch zu streicheln. Wenn dies gut und richtig gemacht wird, dann glaubt die Testperson nach einigen Minuten, dieses Streicheln auf der Kunsthand, dem Handschuh, dem Tisch wirklich zu spüren. Wichtig ist, dass die Streichelbewegungen unter und auf dem Tisch absolut synchron sein müssen. Viel Spaß bei der Erweiterung Ihres Körperschemas.

Das Bewusstsein, dass unser Körper uns gehört, bildet auch eine wichtige Grundlage für unser Ich-Bewusstsein. Ohne eine gute Körperwahrnehmung wird einfaches Funktionieren ganz schnell zum Hochleistungssport. Ich muss mich ständig visuell rückversichern, was meinen Körper betrifft. Ich sitze nicht gern auf Hockern oder Bänken ohne Lehne, da ich mein Gleichgewicht nicht automatisch halten kann, sondern genau schauen muss, in welchem Winkel ich mich zurücklehnen darf, ohne zu fallen. Schubst man Elijah zu sehr an, weil er stehen geblieben ist, dann kann es sein, er fällt um und zwar wie ein Brett flach aufs Gesicht. Als Kind habe ich mich extrem viel gestoßen, bin also auch körperlich überall angeeckt. Einmal habe ich mir den Arm in der Tür eingeklemmt und deshalb natürlich die Tür nicht zumachen können. Es brauchte den Hinweis einer anderen Person, um zu realisieren, dass es sich um meinen eigenen Arm handelte. Um zu wissen, was zu mir gehört, habe ich mir als Grundregel gemerkt, dass die Körperteile, die mir am nächsten sind, wohl meine sind. Um mir meinen Körper bewusster zu machen, trage ich einen Ring am linken

Daumen, den ich unbemerkt mit Zeige- und Mittelfinger hoch und runter schieben kann und somit eine Wahrnehmung für einen Teil der linken Hand habe. Ich weiß, dass, wenn ich einen Teil der Hand spüre, der Rest der Hand auch da sein muss, und ich weiß außerdem, dass, wenn ich eine linke Hand habe, ich auch eine rechte Hand haben muss. Mit verstellbaren Bändern am Hand- bzw. Fußgelenk mache ich mir Unterarme bzw. die Füße bewusst. Ich trage auch manchmal Fußgewichte an den Fesseln, die mir helfen still und kontrolliert zu stehen. Unter Stulpen getragen, sieht das kein Mensch. Auch zu kleine oder straff geschnürte Schuhe erzielen diesen Effekt.

Als kleines Kind bin ich viel auf den Zehenspitzen gelaufen oder habe die Füße beim Sitzen auf die Zehen gestellt, um die Beine wahrnehmen zu können und nicht zu zappeln. Heute bewege ich in stressigen Situation die Zehen in den Schuhen und bekomme so eine Rückmeldung bis in die Knie. Binden oder Pflaster helfen an schlechten Tagen den Körper genau dort spüren zu können, wo es notwendig ist. Mützen, Baseballkappen oder Stirnbänder geben mir die Wahrnehmung des Kopfes und Rucksäcke verbessern die Körperwahrnehmung sehr großflächig Um nachts zur Ruhe zu kommen, haben Elijah und ich eine Sanddecke. Auf Dauer kann ich diese Mittel jedoch nicht anwenden. Außer dem Ring am Daumen, den ich immer trage, kann ich eine ständig Körperwahrnehmung nicht aushalten. Das könnten Sie ja auch nicht. Es würde Sie genauso überfordern, weshalb Sie jetzt auch schon wieder unterbewusst sitzen. Die Benutzung von manuellen Werkzeugen ist einfacher geworden, da ich mit der Zeit mein Schauen perfektionieren konnte. Als ich jünger war, scheiterte ich regelmäßig an Schnürsenkeln und Reißverschlüssen. Da habe ich dann oft hören müssen, dass ich doch alt genug sei, um das zu können. Alt genug schon, aber hinsichtlich der Körperwahrnehmung leider nicht ausreichend ausgestattet. Aber das wusste ich damals nicht und fühlte mich einmal mehr als Versager. Meine ersten Schuhe mit Klettverschluss kamen mir deshalb vor wie ein Geschenk Gottes.

In der Schule waren Nadelarbeiten und Werken meine absoluten Horrorfächer. Ich, die schon Probleme hatte, meine eigenen Arme und Hände wahrzunehmen und zu nutzen, sollte nun mit einer Nadel hantieren, um auf Stoff eine Blume entstehen lassen. Bis zum heutigen Tag hasse ich Scheren, aber zum Glück gibt es jetzt Papierschneider in allen Variationen. Natürlich kam ich in der Schule auch nicht um die Benutzung von Stift und Pinsel herum. Ich stellte mich so ungeschickt an, dass auch schon mal vermutet wurde, ich sei Linkshänder. Das Halten und Handhaben eines Stiftes erfordert äußerste Konzentration und ich verbrauchte dabei eine Menge Energie, die dann anderswo fehlte. Auch Wissen darum, ob man etwas derb anfassen muss oder eher zart, ist mir nicht automatisch gegeben. Ich konnte allein vom Sehen des Gegenstandes nicht auf dessen Gewicht schließen. Dass ein Medizinball schwer ist und man ihn mit viel mehr Kraftaufwand heben muss als einen Luftballon, das musste ich mir erst erarbeiten. Genau wie bei Sprache habe ich auch hier ein Memory angelegt. Medizinball – schwer, Luftballon – leicht und so weiter. Darauf greife ich immer wieder zurück, um mich so adäquat wie möglich verhalten zu können. Sportunterricht hat mir bei vielem geholfen, aber gerade Übungen wie

Seilspringen waren eine Tortur, da ich weder Hand noch Seil richtig wahrnehmen konnte. Die visuelle Kompensation funktionierte nur teilweise, da ich das Seil ja bei jedem Sprung immer wieder aus den Augen verlor. Beim Tennis lernte ich nur dann die Schlagbewegung, wenn der Trainer sie mit mir gemeinsam ausführte. Dies ging aber auch nicht problemlos, da ich körperliche Nähe und Berühren zulassen musste. In diesem Fall war meine Motivation jedoch so hoch, dass ich diese Hürde überwinden konnte. Mehr zu den Kompensationsstrategien, um die Körperwahrnehmung zu verbessern, finden Sie in Kapitel 11.6.

9. Sinneswahrnehmungen

Wir nehmen unsere Außenwelt über unsere Sinne wahr. Die fünf Sinne, die jeder Mensch besitzt, sind Sehen (visuell), Hören (auditiv), Riechen (olfaktorisch), Schmecken (gustatorisch) und Fühlen (taktil). Eine weitere wichtige Wahrnehmung, die allerdings keine Sinneswahrnehmung ist, ist die Zeitwahrnehmung, auf die ich im Kapitel 10.6. näher eingehen werde. Um unser unmittelbares Umfeld gut erleben und wahrnehmen zu können und uns den Sinn dessen zu erschließen, was von außen auf uns einströmt, braucht es das Einbeziehen all unserer Sinne. Das Gehirn holt sich deshalb immer Informationen von allen zur Verfügung stehenden Sinnesorganen. Das Zusammenspiel der Sinnesorgane nennt man sensorische Integration. So drehen wir zum Beispiel den Kopf in Richtung einer Schallquelle, verfolgen mit den Augen die Bewegung eines Balles und verlassen uns beim Schreiben auf die Hand-Augen-Koordination. Erinnern Sie sich an den McGurk-Effekt aus Kapitel 7.3.? Auch das ist ein gutes und deutlich spürbares Beispiel für die sensorische Integration. Die meisten autistischen Menschen weisen Besonderheiten bei der Sinneswahrnehmung auf. Die sensorische Integration scheint auf unterschiedliche Weise beeinträchtigt zu sein.

Eine meiner Kompensationsstrategien, um mit den übermäßig vielen Reizen besser klarzukommen, ist es, nur über einen Sinneskanal wahrzunehmen. Ich bin ein visueller Typ, d.h. ich funktioniere hauptsächlich über das Sehen. Visuelle Reize können mich nicht so schnell überlasten. So kann ich besser funktionieren, und es gibt mir auch eine gewisse Sicherheit. Bin ich allerdings nur auf dem visuellen Kanal, dann führt das dazu, dass ich Töne und auch Sprache nicht mehr wahrnehme. Bei Elijah hat genau dieses Konzentrieren auf nur eine Sinneswahrnehmung dazu geführt, dass er im Alter von knapp 2 Jahren auf Taubheit untersucht wurde und diese dann auch diagnostiziert wurde. So musste er als Hörender eine Hörgeräteanpassung über sich ergehen lassen, ehe eine BERA, eine Hirnstamm-Audiometrie, bei der das Hörvermögen unter Vollnarkose getestet wird, Klarheit brachte. Innerhalb einer Stunde wurde aus 98% taub 99% Hörvermögen. Leider hat dieser Weg fast 7 Monate gedauert und uns ging kostbare Zeit verloren. Dieses Mono-Wahrnehmen wird von vielen autistischen Menschen genutzt und auch beschrieben. Es ist hinsichtlich der Reizausblendung, die ja nicht durch Filterung (siehe Thalamus) erfolgt, eine sehr effektive Methode, um einer sensorischen Überlastung vorzubeugen, aber es hat auch diverse Nachteile. Einerseits gehen sehr viele Informationen, die über die restlichen, nun stillgelegten Sinneskanäle, hereinkommen, verloren bzw. werden nur bruchteilhaft aufgenommen. Andererseits kann man nicht die gesamte Zeit nur über diesen einen bevorzugten Kanal funktionieren. Das wäre eine zu einseitige Aufmerksamkeit. Also bedarf es eines regelmäßigen Umschaltens auf andere Kanäle bzw. auch des Zuschaltens mehrerer Kanäle. Dies kostet nicht nur jedes Mal Energie, die das Gehirn, wie wir wissen, nicht unbegrenzt zur Verfügung hat und mit der es deshalb sehr sparsam haushalten muss, sondern es braucht auch Zeit, ehe der Wechsel auf einen anderen Kanal erfolgt ist.

Bei mir ist es so, dass ich wirklich besser zuhören kann, wenn ich nicht gleichzeitig auch noch schauen muss. Kann ich jedoch visuell die benötigten Informationen aufnehmen oder werde visuell stark abgelenkt, dann schalte ich sehr schnell ganz auf diesen Kanal. Oftmals ist mir das nicht wirklich bewusst und ich bin beim Umschalten dann auch überrascht, wie laut und hektisch die Welt um mich herum plötzlich wieder ist. Obwohl die Mono-Wahrnehmung diesen hohen Energie- und Zeitverbrauch mit sich bringt, ist sie eine der effektivsten Methoden für mich, um einer sensorischen Überlastung zu entgehen. Vielleicht sollten wir an dieser Stelle auch darüber sprechen, was eine sensorischer Überlastung bzw. ein sensorischer Overload eigentlich ist. Zur sensorischen Überlastung kommt es dann, wenn zu viele Dinge auf einmal geschehen. Wenn man bei autistischen Menschen von bis zu 30% bewusster Wahrnehmung ausgeht, dann ist das bei mir eigentlich immer der Fall. Es ist immer zu viel. Aber auch Sie kennen das. Sie schauen fern und jemand spricht Sie an, stellt eine Frage und Sie können nicht reagieren, weil der Fernseher weiterhin läuft und Ihre Aufmerksamkeit eigentlich dort ist. Oder Sie sind am Telefon, das Fenster ist offen, Straßenlärm dringt herein und nun werden Sie auch noch von der Seite angesprochen. Ganz plötzlich wird dann alles zu viel. Solchen Situationen gilt es vorzubeugen.

Doch wie erkennt man diese Situationen bei autistischen Menschen? Ich habe an mir beobachtet, dass sich meine Koordination verschlechtert und ich motorisch unruhig werde. Irgendwann muss ich dann auch aufstehen und auf und ab gehen, mich bewegen. Außerdem werde ich entweder ziemlich blass oder aber weise zum Teil auch Hautrötungen im Gesicht auf. Ich versuche, mich verbal aus der Situation zu befreien, indem ich häufig den Satz „Ich möchte darüber nicht mehr reden“ sage oder auch einfach sage: „Ich kann nicht mehr.“ Manchmal gelingt mir dies aber nicht mehr. Es gibt auch Situationen, in denen ich dann mit Echolalie reagiere, um mein System zu beruhigen. Deutlich von außen sichtbar ist eine erhöhte Stimming-Aktivität, vor allem mit den Händen. Schaffe ich es dann nicht, mich aus der Situation zu entfernen, dann können auch Wut und Aggressivität (verbal und körperlich) hinzukommen. Manche Menschen beschreiben als innere Marker auch Herzrasen und Bauchschmerzen, einige bekommen Schweißausbrüche oder frieren. Jeder erlebt es anders. Elijah hatte beim Fernsehen häufig sehr schnell einen sensorischen Overload, weshalb wir dies erst auf ein Minimum reduziert und dann ganz weggelassen haben. Auch mehrere Gespräche in einem Raum überfordern ihn sehr schnell, was mir auch so geht, aber ich kann mich dann besser über Stimming regulieren. Er benötigt in sozialen Situationen wie Schule oder bei Besuchen immer den Zugriff auf einen Auszeitraum, der ihm ein Regulieren möglich macht. Das Angebot Lärmschutz-Kopfhörer zu tragen nimmt er noch nicht an, da diese die Körperwahrnehmung seines Kopfes zu unerträglich für ihn machen. Wir versuchen ihn jedoch daran zu gewöhnen, damit er irgendwann auch außerhalb des gewohnten, ruhigen Umfeldes an Aktivitäten teilnehmen kann.

Die sensorische Integration spielt sowohl bei der räumlichen Wahrnehmung als auch bei der Wahrnehmung der eigenen Person in

Bezug auf andere Menschen eine große Rolle. Mir fällt es sehr schwer, zu wissen, wo ich aufhöre und der Andere beginnt. Oftmals komme ich den Menschen im wahrsten Sinne des Wortes zu nahe, rücke ihnen auf die Pelle, ohne dass mir dies bewusst ist. Dann wiederum bin ich zu distanziert, mache einen zu großen Bogen und gelte als unnahbar. Beides führt unweigerlich eher zu einer Ablehnung, obwohl ich auf Zuneigung aus bin. Ich bekomme dann eine für mich unverständliche Rückmeldung, die verwirrt und mich wieder den Rückzug antreten lässt. Ich habe mittlerweile gelernt, dass sich die meisten Menschen bei einem Abstand von 1,50, am wohlsten fühlen und dann auch entsprechend auf Kontaktaufnahme reagieren. Früher habe ich mich ständig gestoßen und bin angeeckt. Weil ich einfach keine Idee hatte, wo im Raum ich eigentlich war. Dies erschwerte es mir ungemein, mich in die richtige Beziehung zu anderen Menschen zu setzen. Noch heute kann ich Distanzen nicht wirklich einschätzen und habe viele Probleme mit der taktilen Wahrnehmung.

9.1. Taktile Wahrnehmung

Unser Tastsinn umfasst einmal das eher passive Berührt-Werden, auch taktile Wahrnehmung genannt, und das aktive Erkennen durch Berührungen, die haptische Wahrnehmung. Einen Tastsinn zu besitzen heißt, durch und über Berührungen wahrnehmen zu können. Für die Entwicklung und die Aufrechterhaltung des Tastsinns ist nicht nur die korrekte Verarbeitung von sensorischen, sondern auch von motorischen Informationen wichtig. Die taktile Wahrnehmung ermöglicht es uns über Reize, die über die Haut aufgenommen werden, nicht nur Druck und Berührungen wahrzunehmen, sondern auch Temperatur und vor allem Schmerz zu spüren. Sie dient also größtenteils zu unserem Schutz. Aufgrund der schon in Kapitel 9. erläuterten anders ablaufenden sensorischen Integration kommt es bei mir auch zwangsläufig zu einer anderen taktilen Wahrnehmung. Es gibt Tage, an denen ich eine erhöhte taktile Wahrnehmung habe und dann sehr empfindlich auf Berührungen reagiere bzw. sie gar nicht mehr ertragen kann. Ich habe auch festgestellt, dass bestimmte Reize, die durch Berührung ausgelöst werden, immer nur schwer erträglich sind. Zu diesen zählt bei mir unter anderem Wasser. Es kostet mich sehr viel Überwindung und Anstrengung, also Energie, die Berührung mit Wasser auszuhalten. Besonders an den Händen ist dies so. Ich scheue mich deshalb auch so sehr davor, nach meinen Vorträgen den gerade aus dem Wasser genommenen Blumenstrauß anzunehmen. Ich setze mich diesem Reiz jedoch immer wieder bewusst aus, immer mit dem Wissen, dass das Gehirn lernfähig ist und man es entsprechend trainieren kann. Auch der Stresslevel ist sehr entscheidend dafür, ob die taktile Wahrnehmung erhöht oder vermindert ist. Die meiste Zeit empfinde ich sie als fehlend bzw. nicht ausreichend vorhanden. Das trifft auch auf die Wahrnehmung von Temperatur und auch Schmerz zu. Schmerzen sind eine sehr subjektive Empfindung, die sich wohl einem anderen Menschen verbal nicht erklären lässt, was bedeutet, dass wir nur wissen, was für uns Schmerzen sind. Ich konnte meinen eingeklemmten Arm in der Tür nicht einmal spüren, geschweige denn dies als schmerzhaft empfinden. Aus solchen Situationen lässt sich doch mit einiger Sicherheit ableiten, dass mein Schmerzempfinden ein anderes ist als bei den meisten Menschen.

Auch bei Elijah war und ist zu beobachten, dass er sich offensichtlich nicht so schnell „weh tut" wie andere Kinder, d.h nicht so reagiert. Als Kind hat mich die wunderschön tanzende Schweißflamme meines Großvaters derart fasziniert, dass ich sie unbedingt berühren musste. Ich wollte sie greifen und festhalten. Das habe ich auch getan, bis mich das plötzliche Geschrei meiner Großmutter verwirrte, die mich von der Flamme wegzog. Ich habe weder die Hitze noch irgendeinen Schmerz empfunden. Temperaturen zu unterscheiden ist auch heute noch schwierig für mich, aber es gibt zum Glück Badethermometer, so dass meine Kinder immer in einem für sie angenehmen Warmbad planschen konnten. Wasser am ganzen Körper, also in der Badewanne oder im Schwimmbad, erhöht meine Körperwahrnehmung genau auf den richtigen Level und ich kann dies nicht nur unbegrenzt aushalten, sondern regelrecht genießen. Elijah dagegen hat Phasen, da geht er weder in die Wanne noch in den Pool, weil es ihn sofort überfordert.

Auch bei Berührungen, zum Beispiel Massagen, ist er sehr wechselhaft, mal kann er vom Massageball nicht genug bekommen und ein anderes Mal löst eine kurze Berührung sofort eine Kampfreaktion aus. Es gilt immer zu beobachten und auszuprobieren. Deshalb frage ich Elijah, verbal und mit entsprechender Bildkarte, ob er dieses oder jenes haben möchte oder jetzt gerade gut findet. Nur er ist der Experte für sich selbst. Es gibt auch viele nicht-autistische Menschen, denen die Empfindungen, die durch die Berührung bestimmter Stoffe mit der Haut, derart unangenehm ist, dass sie diese nicht tragen. Bei mir waren und sind das Feinstrumpfhosen und auch Wolle. Zog meine Mutter mir solche Sachen an, dann stand ich stocksteif da, weil ich mich nicht mehr bewegen konnte. Feinstrumpfhosen lösen bei mir ein Kältegefühl aus, welches meine Mutter, die sie als wärmend empfand, nicht nachvollziehen konnte. Wahrnehmung ist und bleibt eben subjektiv.

Bei der haptischen Wahrnehmung, also der Wahrnehmung durch Berühren, verhält es sich bei mir so, dass ich diese Art des Entdeckens und Erkennens sehr mag. Ich muss eigentlich alles anfassen, um es wirklich verstehen zu können. Auch Elijah ist ein solcher Anfasser. Auch er liebt es Dinge zu berühren, entlang von Oberflächen zu streichen oder Konturen nachzufahren. Er beschäftigt sich noch heute gern mit von uns gebastelten Fühlwänden und hat Freude an den unterschiedlichen Materialien, die wir ihm zum Betasten anbieten. Im Garten haben wir ihm einen haptischen Pfad zur Sinneswahrnehmung gebaut. Unterschiedliche Stein- und Gummiplatten, Rasengitter und Holzfliesen laden zur Erkundung ein. Dies alles dient auch der

Verbesserung der Körperwahrnehmung, die uns hilft, uns im Raum und anderen gegenüber besser wahrzunehmen. Es sind kleine Schritte, die wir gehen, aber sie passieren und sie helfen uns, uns im Alltag besser orientieren zu können. Eine verbesserte Körperwahrnehmung gibt Sicherheit, denn sie verbessert auch die Selbst-Wahrnehmung. Ich muss mich weiterhin visuell rückversichern, wo ich bin, wie ich sitze oder stehe und wo meine Arme sind. Ich möchte sagen, dass ich zu 100% auf meinen Sehsinn angewiesen bin, um so funktionieren zu können, dass mein Verhalten nicht nur für mich, sondern auch und vor allem für meine Umgebung annehmbar ist.

9.2. Visuelle Wahrnehmung

Als visuelle Wahrnehmung wird das Erkennen, Aufnehmen und Weiterverarbeiten von visuellen Reizen und deren Interpretation bezeichnet. Über das Auge gelangen Informationen in unser Gehirn, die dort nach wichtig und unwichtig sortiert und mit bereits gemachten Erfahrungen und Erinnerungen abgeglichen werden. Das heißt, wir sehen alle das Gleiche, aber die visuelle Wahrnehmung, die aufgrund der Interpretation der vom Auge aufgenommenen Reize entsteht, ist jedem von uns sehr eigen und kann sehr unterschiedlich sein. Während bei den meisten Menschen viele visuell aufgenommenen Reize durch den Thalamus sofort weggefiltert werden und deshalb gar nicht erst ins Bewusstsein dringen, nehmen autistische Menschen auch über diesen Sinn sehr viel mehr bewusst wahr. Oft hört oder liest man, dass Autisten die geborenen Detailseher sind. Genau das trifft aber auf alle Menschen zu, denn, wie gesagt, wir sehen alle das Gleiche. Wir sollten also eher von Detailwahrnehmern und Detailwiedergebern sprechen. Visuelle Reize sind diejenigen, die bei mir die wenigste Überforderung darstellen, das heißt, ich kann visuell sehr viel aufnehmen und aushalten, ohne dass es zu einer sensorischen Überlastung kommt. Genau deshalb versuche ich die meiste Zeit auch auf dem visuellen Kanal zu funktionieren. Wie schon im Kapitel 9 (Sinneswahrnehmungen) erwähnt, dient dieses Mono-Wahrnehmen dazu, einer sensorischen Überlastung vorzubeugen. Bei Elijah war das als Kleinkind so extrem, dass er eben als taub diagnostiziert wurde. Man sollte bei Kindern grundsätzlich eine Hirnstamm-Audiometrie machen, um nachzuweisen, wie ihr Hörvermögen ist. Es fiel ihm sehr schwer bzw. dauerte es sehr lange, ehe er wieder auf den auditiven Kanal schalten konnte. Mittlerweile kann er auditive Reize besser ertragen, aber bevorzugt auch weiterhin den visuellen Kanal. So schaut er gern seinen Schwestern durch das Fenster vom Hof aus beim Fernsehen zu, da er auf diese Weise nur den visuellen, also angenehmen, nicht aber den auditiven Reizen ausgesetzt ist. Ansonsten lehnt er das Fernsehen für sich selbst momentan ab. Er schaut sich lieber stundenlang Bücher an, wobei es ihm besonders Wimmel-Bilderbücher angetan haben. Auch Werbeblättchen und Kataloge findet er auf Grund der Fülle der visuell vermittelten Information ganz toll. Wir nutzen dies dahingehend aus, dass wir ihm Tagesstrukturen und andere Pläne visuell, also über Bilder vermitteln. Die gesprochene Sprache ist trotz ausreichend vorhandenem Sprachverständnis flüchtig. Bilder jedoch kann er festhalten, er kann sie berühren und immer wieder anschauen. Alle zu erlernenden Abläufe werden ihm in Form von Bildern, momentan noch Fotos der Aktionen oder Objekte, später vielleicht einmal Piktogramme, vermittelt. Die Hoffnung ist auch, dass er über die Bilder auch irgendwann zur Sprache findet, nämlich dann, wenn er begreift, welche Vorteile die direkte Kommunikation mit anderen Menschen für ihn haben kann.

Auch ich profitiere enorm von visueller Strukturierung, die mir nicht nur bei der Planung und Ausführung von Aktivitäten hilft, sondern mir zusätzlich auch noch Sicherheit gibt. Ich habe nach wie vor den Drang, Objekte in eine Reihe zu stellen oder auf eine bestimmte Art und Weise anzuordnen. Im Supermarkt muss ich mich aktiv davon abhalten, Regale aufzuräumen und die Produkte entsprechend anzuordnen. Es fällt mir mittlerweile leichter, über solches Chaos hinwegzusehen, aber es hängt sehr von meinem Stress- bzw. Energielevel ab. Ein Wochenendeinkauf im Supermarkt ist schon eine große Herausforderung, da hier alles an Stressoren vorhanden ist, was das Leben zu bieten hat. Da hat die Suche nach Sicherheit oberste Priorität. Mithilfe von Stimming (siehe Kapitel 5) und anderen Kompensationsstrategien (siehe Kapitel 11 Strategien und Hilfsmittel) gelingt es mir, solch eine Herausforderung nicht nur annehmen, sondern auch bestehen zu können. Ich könnte mir gut vorstellen, dass es für den einen oder anderen Autisten eine befriedigende Tätigkeit sein könnte, in einem Supermarkt für Ordnung auf den Regalen und dementsprechend für Nachschub zu sorgen. Der Supermarkt würde sicher auch von einem Mitarbeiter profitieren, der genau weiß, wo was steht und wie viel davon noch da ist, auch wenn dieser Mitarbeiter vielleicht nicht mit allen anderen in der Kantine sitzen oder an Betriebsausflügen teilnehmen wird. Meine erhöhte visuelle Wahrnehmung führt zwangsläufig dazu, dass mir mehr Dinge auffallen, die anderen einfach durch die Lappen gehen. Schmunzeln Sie jetzt ein wenig wegen der Redewendung?

So war es zum Beispiel mit Rechtschreib- oder Formfehlern des Lehrers an der Schultafel. Fehlertexte oder Suchbilder stellten für mich keine große Herausforderung dar. Zum Teil verstand ich den Sinn der Aufgabe gar nicht, wenn dort stand, dass man im rechten Bild 10 Fehler suchen sollte. Ich habe das linke Bild, das Original, angeschaut und dann im rechten Bild sofort gesehen, was anders war. Hier lag und liegt ja meine Stärke. Mein System ist auf Erkennen der Unterschiede ausgerichtet und sucht nicht wie bei nicht-autistischen Menschen nach den Gemeinsamkeiten. So gesehen, ist es ein Potential, aber das Leben ist nicht ausschließlich auf Suchbilder ausgerichtet. Dennoch erschließen sich auch hier Nischen und Plätze für autistische Menschen. Verlage brauchen Korrekturleser. Die Einsatzgebiete wären eigentlich überall dort, wo es auf eine korrekte Rechtschreibung und Form ankommt. Viele autistische Menschen haben zudem eine wesentlich höhere Lesegeschwindigkeit, die sie gerade eben für Verlage interessant machen sollten. Sie merken hoffentlich, dass das Bild des Autisten als IT-Spezialisten doch sehr einseitig ist. Natürlich gilt es bei all den Potentialen nicht zu vergessen, dass die erhöhte visuelle Wahrnehmung auch wieder jede Menge Probleme mit sich bringt. Normalerweise sehen wir das scharf und deutlich, was für uns in der gegebenen Situation wichtig ist. Dahin wird auch unsere Aufmerksamkeit gelenkt. Wird aber, wie beim autistischen System, der Hirn&Co Kg. alles, d.h. jeder einströmende Reiz, als wichtig bewertet, dann entsteht keine vordergründige, wichtige visuelle Wahrnehmung mit einem unscharfen Hintergrund, sondern alles ist im Zentrum der Aufmerksamkeit. Dies führt dazu, dass autistischen Kindern oder auch Erwachsenen Unkonzentriertheit und Desorganisiertheit vorgeworfen werden, obwohl sie nur nicht in der Lage sind, die wichtigen von den unwichtigen Reizen zu unterscheiden. Deshalb sind reizarme Schulzimmer und Arbeitsplätze ein absolutes Muss. Trennwände zum Beispiel können helfen, um den Fokus und die Aufmerksamkeit auf die wichtigen Dinge zu lenken und dort zu halten. Sie erinnern sich sicher an mein Beispiel in Kapitel 2.2., in dem ich beschrieb, dass und warum ich in der Schulzeit „falsch aufmerksam“ war. Bei sprechenden autistischen Menschen mag es möglich sein durch Gespräche herauszufinden, was für den Einzelnen hilfreich sein könnte und wie sein Arbeitsbereich aussehen müsste, damit ihm dort ein effektives Arbeiten möglich ist. Bei nicht-sprechenden Menschen, wie Elijah, ist das Ganze um ein Vielfaches schwieriger. Hier bedarf es genauer Beobachtung durch Menschen, die ihn sehr gut kennen und kleinste Reaktionen richtig deuten können. Es braucht viel Geduld und Übung, bevor man merkt, dass Elijah sehr wohl kommuniziert. Doch ihn zu verstehen, ist noch schwieriger als eine Fremdsprache zu lernen, da es kein Wörterbuch gibt, aus dem man einfach die Vokabeln entnehmen kann. Aber unmöglich ist es dennoch nicht.

Auch meine immer noch anhaltende Schwierigkeit links und rechts auseinanderzuhalten, hat etwas mit der visuellen Wahrnehmung zu tun. Ich habe eine sehr geringe Körperwahrnehmung (Kapitel 8) und damit Schwierigkeiten, mich selbst im Raum entsprechend wahrzunehmen. Ich weiß nicht, wo ich aufhöre und der andere beginnt. Diese Unsicherheit erstreckt sich auch auf Objekte. Diese Besonderheiten in der Wahrnehmung der Raumlage führen nicht nur zu einer Verstärkung der motorischen Ungeschicklichkeit, sondern auch zu Schwierigkeiten beim Wortverständnis. Es fällt mir zum Beispiel sehr schwer, Wörter wie links und rechts zu verstehen, da ich andere Menschen oder Objekte nicht in die richtige Beziehung zu mir setzen kann. Wenn ich nicht weiß, wo ich bin, wie soll ich dann wissen, wo links von mir ist oder ob der Tisch rechts steht. Ich bin völlig hilflos in Situationen wie dieser: Wenn jemand, der vor mir steht, sagt, fass mal mit deiner linken Hand meine rechte Hand an. Zur Hilfe kommt mir der Ring am Daumen. Dieser ist an der linken Hand. Alles was in Nähe dieses Daumens ist, muss demzufolge links von mir sein. Ich darf nur nicht vergessen, dass sich das eben nur auf mich und meine Position im Raum bezieht. Sitze ich im Auto neben meinem Lebensgefährten, dann ist mein Links sein Rechts und da beginnt es schon wieder kompliziert zu werden. Auch das Abschätzen von Entfernungen ist für mich ein Ding der Unmöglichkeit und wird häufig belächelt, weil ich mit meinen Schätzungen auch wirklich extrem falsch liege. Wenn ich aber in meiner Funktion als Künstler Bilder rahmen muss, dann brauche ich kein Lineal, damit sie korrekt im Rahmen sitzen (inklusive Passepartout), diese Abstände fühle ich. Ich fühle, ob das Bild mittig liegt. Ich fühle auch, wenn Bilder an einer Wand schief hängen. Manchmal sind es nur Millimeter, aber es fällt mir auf. Das Gerade-Rücken fremder Bilder habe ich mir natürlich abgewöhnt, aber manchmal, wenn es gar nicht anders geht, versuche ich möglichst höflich darauf hinzuweisen.

Außerdem verwechsele ich ständig Buchstaben und Zahlen, die sich sehr ähnlich sehen, wie zum Beispiel b und d, p und q, u und n oder 6 und 9 oder 89 und 98 und so weiter. Ich habe mich in der Schule oft gewundert, warum diesen „Spiegelbildbuchstaben und -zahlen“ nicht mehr Beachtung geschenkt wurde. Heute ist mir klar, dass es sich nur um eine weitere Wahrnehmungsbesonderheit meinerseits handelt. Obwohl ich mit dem Lesen lernen keine Probleme hatte, da ich die

Worte in ihrer Gesamtheit fühle und nicht als Ansammlung einzelner Buchstaben erfasse und zu einem Wort zusammenziehen muss, fiel mir das Schreiben doch schwerer. Ich bevorzugte es sehr früh in Druckschrift und Großbuchstaben zu schreiben, da sich das Problem mit den „Spiegelbildbuchstaben“ dann lösen lässt (B und D anstatt b und d, P und Q anstatt p und q). Leider musste ich bis Klasse 12 in Schreibschrift schreiben, so dass es immer einen gewissen Standart-Stresslevel gab. Auch in der Mathematik fehlte mir bis zum Schluss die Lösung, um die einzelnen Zahlen wirklich unterscheiden zu können. Es ist zum Teil wirklich so, dass die Zahlen vor meinen Augen umherspringen und ich nicht weiß, ob das nun eine 23 oder eine 32 ist. Ich schaffe es nicht, Zahlenfolgen korrekt abzuschreiben. Woher soll ich wissen, was stimmt, wenn es sich doch immer wieder verschiebt? Da ich in der Schule jedoch die meiste Zeit sehr gute Leistungen brachte, wurden mir solche Fehler sehr deutlich gemacht. Es gab auch Lehrer, die sich darüber lustig gemacht haben, dass bei mir eben 8x7 65 war, anstatt mal eine Moment lang anders drauf zu schauen. Ich muss mir die Zahlen laut ansagen und mit dem Finger in die Luft schreiben, um sie zu verstehen, aber auch das war im Kontext Schule oft nicht möglich. So hatte ich in den Hausaufgaben weniger oder keine Fehler, aber dafür in Arbeiten oder Aaufzeichnungen im Unterricht. Diese Diskrepanz führte zu einigen Unterstellungen seitens des Lehrpersonals. Also baute ich Fehler in die Hausaufgaben ein, um weiteren Aufmerksamkeiten zu entgehen.

Auch Schneiden, Stift halten und handwerkliche Arbeiten fielen und fallen mir sehr schwer. Sie erfordern sehr viel bewusstes Handeln und verbrauchen somit sehr viel Energie. Ich musste sowohl den Werk- als auch den Nadelarbeitsunterricht besuchen, was ich beides als Qual empfand, auch deshalb, weil die Arbeitsgeschwindigkeit meiner Mitschüler eine einheitlich höhere war, die ich einfach nicht erreichen konnte. Stricken wird mir wohl für immer verschlossen bleiben und die Lehrerin hat mich wiederholt so beschämt, dass es wohl Therapie bräuchte, um mich dazu zu bringen, eine Stricknadel in die Hand zu nehmen. Solche Dinge haben mich emotional sehr belastet und ich konnte nirgendwo um Rat und Hilfe fragen, da mir nicht, wie heute, bewusst war, warum es mir so ging und was hätte helfen können.

Eine andere Sache, die mir nicht aus dem Kopf geht und für die ich noch keine zufriedenstellende Antwort gefunden habe, ist das Problem des Lernens durch Beobachtung. Ja, viele Dinge konnte ich mir so aneignen, aber es war und ist eher Verhalten, welches ich auf diese Art kopieren kann. Es fällt mir jedoch sehr schwer oder ist gänzlich unmöglich, mir Bewegungsabläufe auch so zu erschließen. Um diese imitieren zu können, brauche ich Körperführung. Ohne diese habe ich keine Chance. Last but not least. Eine ganz wichtige Sache zum Schluss dieses Kapitels.

Eine der wichtigsten Leistungen, die die visuelle Wahrnehmung im sozialen Kontext bringen muss, ist das Erkennen von Gesichtern. Um das Gesicht eines Menschen zu erkennen, reicht es nicht aus, sich die Größe der Nase zu merken oder ob derjenige eine Brille trägt, sondern es bedarf der Einprägung der Verhältnisse, in denen die einzelnen Gesichtsmerkmale stehen. Und zuallererst muss man natürlich in der

Lage sein, ohne Stress in das Gesicht eines anderen Menschen schauen zu können. Dies ist vielen autistischen Menschen nicht möglich. Ich erkenne Menschen am Gesicht relativ gut wieder, wenn ich sie in der Umgebung antreffe, in die sie für mich gehören, d.h. Kassiererin an der Kasse im Supermarkt (die Uniform jetzt mal außer Acht gelassen) erkenne ich nur an dieser Supermarkt-Kasse wieder. Sehe ich sie irgendwo anders wieder, dann erkenne ich sie nicht und sie wundert sich dann über mein sozial-inadäquates Verhalten. Als Kind habe ich in unserer Kleinstadt einfach alle Leute höflich begrüßt und wenn die, die mich nicht kannten, verwirrt waren, so konnte mir das egal sein. Heute weise ich Menschen darauf hin, dass ich sie in anderer Umgebung nicht erkennen kann, und bitte sie dann, mich anzusprechen. Das funktioniert ganz gut. In meiner Schulzeit habe ich versucht, mir die Menschen anders zu merken. So zum Beispiel am Geruch. Das ging so lange gut, bis die Biologie-Lehrerin und die Geschichts-Lehrerin dasselbe Parfüm trugen und ich nicht nur nicht mehr wusste, wer wer ist, sondern auch keine Ahnung hatte, welches Unterrichtsfach jetzt anstand. Danach bin ich auf Stimmen ausgewichen, was außer in der Erkältungszeit auch heute noch gut klappt. Damit wären wir nun schon bei der auditiven Wahrnehmung angekommen.

9.3. Auditive Wahrnehmung

Als auditive Wahrnehmung wird die Wahrnehmung des Schalls über die Sinnesorgane bezeichnet, die Reize aus Schwingungen aus der Umgebung aufnehmen können. Es sind nicht nur die Ohren, mit denen wir hören, sondern wir können Schall auch als Vibration an verschiedenen Stellen unseres Körpers wahrnehmen. Allerdings braucht das Richtungshören zwei funktionstüchtige Ohren. Auch bei der auditiven Wahrnehmung gilt, das, was wir hören, ist nicht das, auf was wir reagieren. Wir hören also auch alle dasselbe, aber reagieren zum Teil sehr unterschiedlich darauf. Ich erinnere nur an das Quietschen von Kreide auf einer Tafel, welches die meisten von uns als unangenehm empfinden. Anderen wiederum macht es absolut nichts aus. Wen es jetzt ein bisschen geschüttelt hat, der reagiert schon allein nur auf den Gedanken daran. Liebe Grüße an Ihre Amygdala, die Sie jetzt gerade wieder verstärkt haben. Wenn wir Töne als unangenehm empfinden, dann ist die Amygdala natürlich sofort mit von der Partie und löst Verhalten aus. In diesem Fall ist es vielleicht ein Zusammenzucken, Gänsehaut oder das Zuhalten der Ohren. Aber auch eine verbale Reaktion, ein „Aufhören“ oder auch das Wegnehmen der Kreide (Kampfreaktion), ist in solchen Situationen nicht selten. Autistische Menschen gelten sehr häufig als äußerst geräuschempfindlich, was unter anderem neben dem Filterproblem auch mit einer verstärkten Amygdala-Reaktion zu erklären ist. Da braucht es dann keine quietschende Kreide an der Tafel mehr, sondern es reichen auch ganz „normale“ Geräusche aus, um die Amygdala in einen absoluten Alarmzustand zu versetzen.

Meine Geräuschempfindlichkeit nimmt vor allem in den Abendstunden zu. Elijah scheint ganztägig mit diesem Problem zu kämpfen. Er hält sich zum Teil die Ohren zu bzw. er drückt mit den Daumen von hinten an die Ohren, was die einströmenden Töne dämpft. Einen Gehörschutz in Form von speziellen Kopfhörern kann er zur Zeit noch nicht annehmen, da dieser seine Körperwahrnehmung im Kopfbereich zu sehr erhöht. Um dieser Überlastung zu entgehen, hat er als Kleinkind die schon erwähnte Mono-Wahrnehmung nur auf dem visuellen Kanal bevorzugt. Er wurde deshalb als taub diagnostiziert und musste eine Hörgeräteanpassung über sich ergehen lassen. Dies machen sehr viele Kinder durch, die dann später als autistisch diagnostiziert werden. In solchen Fällen, wenn das Kind auch die drei Kriterien Blickkontakt, geteilte Aufmerksamkeit und Zeigegestik im Alter von ca. 12- 24 Monaten nicht erfüllt und auf auditiven Input nicht adäquat reagiert, sollte sofort eine BERA (Hirnstamm-Audiometrie) erfolgen. Nur so kann wirklich geklärt werden, ob das Kind hört oder nicht. Ich wiederhole mich hier, weil es mir so wichtig ist.

Die auditive Wahrnehmung ist bei der Wahrnehmung von Lautsprache von besonderer Bedeutung. Sie ermöglicht es uns, Sprachsignale aus einem scheinbar endlosen Wirrwarr an Geräuschen herauszufiltern. Befindet man sich in einem Raum, in dem mehrere Gespräche ablaufen oder in einem Gespräch mit mehreren Personen, so ist es notwendig, die Sprachsignale richtig erkennen zu können, die uns in dieser Situation betreffen. Dieser sogenannte Cocktail-Party-Effekt ist sehr wichtig, um bei dem Vorhandensein von mehreren Schallquellen genau die Schallquelle wahrnehmen zu können, also die Worte des Sprechers, die für uns wichtig ist. Die anderen Schallquellen, d.h. weitere Sprechende und sonstige Umweltgeräusche, werden nun unterdrückt. Der Thalamus entscheidet, dass diese für uns in dieser Situation nicht von Bedeutung sind. Wir können uns so ausreichend auf das Gespräch konzentrieren, in das wir involviert sind. Man bezeichnet das auch als selektives Hören. Mir gelingt dies nicht sehr gut und deshalb versuche ich solche Situationen zu vermeiden. Es müssen gar nicht viele Gespräche in einem Raum sein, die mich so überlasten, sondern ein Gespräch mit zwei Leuten reicht völlig aus, um mich in ein auditives Chaos zu stürzen. Auch die Geräusche der Umgebung, die Bewegungen, Gerüche und der sich ändernde Lichteinfall werden nicht gedämpft oder weggefiltert, sondern als ebenso wichtig präsentiert wie die Worte meines Gesprächspartners. Es kommt mir dann so vor, als wollte mich eine gigantische auditive Welle einfach überrollen. Aus vielen dieser Situationen kann ich nicht flüchten, was mir ja sowieso sehr schwer fällt, weil mir bewusst ist, dass dies sozial inadäquat wäre und ein großes Unverständnis bei meinem Gegenüber auslösen würde. Ich bin mir mittlerweile der Konsequenzen bewusst, die ein solches Verhalten für mich hätte. Diese Fremdwahrnehmung gibt mir einerseits die Motivation, so etwas zu ertragen und verstärkt an Kompensationsstrategien zu arbeiten, aber sie schürt auch zunehmend eine soziale Angst, die mich oft davon abhält, mich überhaupt erst in solch eine Situation zu begeben.

Bis zu meiner Diagnose 2009 war ich unbefangener, da ich keine Ahnung hatte, dass Menschen mich wahrnehmen und vor allem wie und dass jedes Verhalten Konsequenzen hat. Es ist ganz wichtig, sich hier noch einmal klarzumachen, dass autistische Menschen nicht falsch handeln, sondern richtig auf die in ihrem Gehirn entstandene Wahrnehmung reagieren. Aber es ist meines Erachtens genauso wichtig, nicht zu vergessen, dass, ganz egal, ob man richtig oder falsch handelt, jedes Verhalten eine Konsequenz hat. Ich muss also entscheiden, ob diese für mich förderlich ist oder nicht. Es gibt eigentlich kein Richtig und kein Falsch. Es gibt nur die Konsequenz und die Frage, kann ich mit dem Ergebnis meines Handelns leben oder nicht. Ist die Antwort Nein, dann muss ich mein Verhalten dementsprechend ändern. Als autistischer Mensch bedeutet das für mich, dass ich funktionierende Kompensationsstrategien entwickeln muss.

Eine dieser Strategien mag einem Außenstehenden durchaus komisch oder gar bizarr anmuten, dennoch funktioniert sie für mich. Um mich in einem Gespräch oder bei einem Vortrag besser auf das Zuhören konzentrieren zu können, hilft es mir, wenn ich mir einen Kopfhörer meines MP3 Players ins Ohr stecke und immer wieder das gleiche Lied bzw. eine bestimmte Sequenz eines Liedes höre. Nun könnten Sie sagen, aber Moment mal, gerade eben haben Sie doch noch gesagt, dass zu viele Reize zu einem auditiven Chaos führen, und nun setzen Sie sich noch einem zusätzlichen Reiz aus? Das ergibt doch keinen Sinn. Für Sie vielleicht nicht, aber für mich schon. Im Kapitel 5 habe ich Ihnen das Stimming als Kompensationsstrategie beschrieben. Das

Musikhören in dieser Situation ist nichts anderes als auditives Stimming, nämlich die Beschäftigung oder Konzentration auf den bekannten Reiz (Lied). Dieser Reiz löst keine Stressreaktion aus, sondern beruhigt. Dies ermöglicht es mir, den Stress, den die vielen Schallquellen in einer Gesprächssituation hervorrufen, zu regulieren und somit kann ich in der Situation verbleiben und kann auch adäquat auf meine Gesprächspartner eingehen.

Auch wenn ich selber vortrage, würde es mir enorm helfen, dieses Stimming anzuwenden, aber ich weiß, dass dies von meinen Zuhörern wahrscheinlich doch als unhöflich empfunden werden würde. Ich habe mich mittlerweile auch gut an die Geräuschkulisse bei meinen Vorträgen gewöhnt. Ich weiß, dass ich den auditiven Kanal herunterfahren muss, wenn sich der Saal füllt und alle durcheinander reden. Ich bleibe während der Vorträge hauptsächlich auf dem visuellen Kanal. Das hat natürlich den Vorteil, dass ich die auditiven Reize wie Flüstern, Geräusche von Beamer, Laptop und Lampen, Geräusche von draußen und solche, die durch Bewegungen verursacht werden, ausblenden kann. Es hat den Nachteil, dass ich nicht immer sofort auf Fragen aus dem Publikum antworten kann, besonders dann nicht, wenn ich den Sprecher nicht deutlich genug sehen oder wahrnehmen kann, um ihm die Frage von den Lippen abzulesen. Um dies zu kompensieren, bitte ich mein Publikum sich nicht zu wundern, wenn eine mir vertrautere Person, die im vorderen Bereich sitzt, die Frage noch einmal wiederholt, oder es gibt erst am Ende eine Fragerunde.

Ein weiteres Stimming, was mir hilft, besser zuhören zu können, ist Ihnen sicher nicht unbekannt. Schauen Sie sich nur einmal den Schreibblock neben Ihrem Telefon an oder erinnern Sie sich an den Notizzettel der letzten Weiterbildung oder eines Elternabends. Dieses Kritzeln ist ein sehr verlässliches Mittel zum Abbau von Stress. Es sollte allen Kindern in der Schule erlaubt werden. Sobald ich mit Malen beginne, kann ich aufmerksamer zuhören und manchmal in den Zeichnungen auch die Dinge zeigen, die ich nicht verbalisieren kann. Warum sollte Ihnen das anders gehen? Probieren Sie es doch einfach mal aus. Haben Sie ab jetzt immer Papier und Stift dabei, und wenn es stressig wird, dann kritzeln Sie los. Werfen Sie die kleinen Kunstwerke dann nicht sofort weg, denn sie offenbaren oft Dinge aus dem Unterbewusstsein, dem Verborgenen. Auf diese Art und Weise können Sie sich ein Stück weit besser kennenlernen.

In meinem privaten und in vertrautem Umfeld bitte ich darum, dass immer nur einer das Wort ergreift, und frage auch sehr viel nach. Reagiere ich nicht sofort auf Ansprache, dann wissen Familie und Freunde, dass ich gerade nur visuell erreichbar bin. Sprache als Kompensationsstrategie nutzen: erklären, fragen, diskutieren und letztendlich verstehen, das gilt immer auch für beide Seiten. Wenn autistische Menschen nicht versuchen ihren Autismus zu erklären, woher sollen nicht-autistische Menschen dann ein solches Wissen nehmen?

9.4. Olfaktorische Wahrnehmung

Die olfaktorische Wahrnehmung mag uns nicht so bewusst sein wie die visuelle und auditive Wahrnehmung, dabei spielt gerade sie im Zusammensein mit anderen Menschen eine entscheidende Rolle. Ob wir uns riechen können oder nicht, wird in Sekundenschnelle im Unterbewusstsein entschieden, denn dort findet die emotionale Bewertung von Gerüchen statt. Olfaktorische Reize gelangen auf direktem Weg zur Amygdala, das heißt, sie werden nicht vom Thalamus vorbewertet. Gerüche geraten also ungefiltert in das unterbewusste System. Die Amygdala bewertet, wie wir wissen, alles emotional, das heißt in diesem Fall, dass sie Gerüche mit Gefühlen verbindet. Erinnern Sie sich noch daran, wie Ihre Kindheit gerochen hat? Ich muss jedes Mal an meine Urgroßmutter denken, wenn ich Weinbrandbohnen rieche.

Während auditive und visuelle Erinnerungen sehr schnell nachlassen, scheint der Hippocampus bei der Verarbeitung und dem Abspeichern von Gerüchen ganze Arbeit zu leisten. So kommt es, dass so manche Gerüche auch nach vielen Jahren noch sehr intensive Erinnerungen in uns wecken. Die engen Verbindungen der Amygdala mit dem vegetativen Nervensystem und unserem Hormonhaushalt führen dazu, dass nur ein Geruch uns erregen oder beruhigen, Hunger oder Ekel auslösen kann und es zu manch anderer starker emotionaler Reaktion kommt. Trotzdem ist uns der Geruchssinn nicht so bewusst wie das Sehen, Hören, Fühlen und Schmecken. Erst wenn wir ihn nicht mehr haben, wird uns der Verlust deutlich. Es ist überlebenswichtig für uns über unsere Nasen auch Warnsignale wahrnehmen zu können. Bei rechtzeitiger Wahrnehmung von Brandgeruch können wir unser und das Leben anderer retten. Der Geruch von fauligem Essen warnt uns vor dessen Verzehr und möglicherweise entgehen wir so einer Lebensmittelvergiftung.

Viele autistische Menschen haben große Probleme, die auf eine anders funktionierende olfaktorische Wahrnehmung schließen lassen. So zum Beispiel fällt es mir sehr schwer, einen Vortrag zu halten, wenn Menschen währenddessen essen und trinken oder Kaffee und Gebäck für die Pause im gleichen Raum aufbewahrt werden. Es irritiert mich mittlerweile weniger als früher, aber es lenkt mich weiterhin ab. In der Schule habe ich den Geruchssinn genutzt, um Menschen auseinanderhalten zu können. Es wäre einfacher gewesen, wenn mir dafür der jeweilige Eigengeruch des Menschen zur Verfügung gestanden hätte, da dieser sehr spezifisch ist. Da die meisten Menschen jedoch Deosprays und Parfüms nutzen, um diesen zu überdecken, kam es hierbei schnell zu Verwechslungen. Aber diese Geschichte kennen Sie ja schon.

Auch Elijah nutzt immer noch den Geruchssinn, um sich auf seine Art mit Menschen vertraut zu machen. Vor einigen Jahren waren wir mit ihm im Leipziger Zoo, ein nicht nur olfaktorisches Chaos aus Mensch, Tier und Natur, und Elijah lächelte die Menschen um ihn herum nicht an, sondern versuchte sie zu beschnuppern. Dies löste natürlich sehr verwunderte bis verstörte Reaktionen in unserer unmittelbaren Umgebung aus, denn das Erfahrungs- und Erwartungszahnrad nicht-autistischer Menschen dreht sich ja ständig mit. Nun konnten die Beschnupperten nicht viel mit Elijahs Verhalten anfangen und es bedurfte einer Erklärung meinerseits, die jedes Mal sehr gut und wohlwollend angenommen wurde. Elijah bekam geduldig Hände, Taschen und Jacken unter die Nase gehalten. Ein Mann bot ihm an, doch auch mal an seiner Frau zu schnuppern, welche aber für Elijah olfaktorisch weniger interessant zu sein schien als ihr Ehemann. Dies ist zum einen ein weiteres Beispiel für die ungewöhnliche Art der Kontaktaufnahme autistischer Menschen, als auch dafür, dass wir Verständnis und Akzeptanz nur dann erreichen können, wenn wir einander offen und ehrlich begegnen und uns erklären, soweit uns dies eben möglich ist.

Während ich im Laufe meines Lebens durch ständiges Beobachten und entsprechendes Abspeichern gelernt habe, olfaktorische Reize besser unterscheiden und einordnen zu können, ist bei Elijah noch häufig zu beobachten, dass er auf bestimmte Gerüche, die im allgemeinen abstoßend wirken, nicht so reagiert. Auch bei sehr anregenden Gerüchen reagiert er nicht so, wie es die Umgebung erwartet. Irgendwann wird auch er lernen müssen, dass man nicht an fremden Menschen riecht, denn dies ist eine der Regeln unserer Gesellschaft, eine, die unser Zusammenleben ermöglicht. Andererseits muss es bis zu einem gewissen Maße auch möglich sein, dass die Gesellschaft lernt, bestimmte Sachen zu akzeptieren und zu tolerieren, auch wenn dies nicht ihren Erfahrungen und Erwartungen entspricht. Von einem Rollstuhlfahrer erwartet auch niemand, dass er bei der Begrüßung aufsteht und einen Blinden schimpft keiner aus, wenn er nicht hinschaut. Aber wie soll die Umgebung einen Autisten erkennen? Wir haben außer unserem anderen Verhalten nichts, was auf ein Anderssein hinweist bzw. wird unser anderes Verhalten nicht als autistisch erkannt, sondern als sonderbar, unmöglich, unhöflich, arrogant und inakzeptabel wahrgenommen. Hier liegt noch eine Menge Arbeit vor uns, um die Welt zu einem Ort zu machen, an dem wir uns alle wohl fühlen können. Um beim Thema zu bleiben, unsere Welt ist dann für uns in Ordnung, wenn es für uns richtig riecht. Auch beim Essen, sprich beim Schmecken, spielt der Geruchssinn eine große Rolle, denn ohne Riechen könnten wir nur noch sechs Geschmacksrichtungen (süß, sauer, salzig, bitter, umami und fett) wahrnehmen.

9.5. Gustatorische Wahrnehmung

Als gustatorische Wahrnehmung wird im Allgemeinen das Schmecken bezeichnet. Der Geschmackssinn ist ein Nahsinn, der von vielen autistischen Menschen bei der Erkundung von Objekten oder auch Menschen genutzt wird. Eigentlich dient er der Prüfung der durch den Mund aufgenommenen Nahrung. Über den Geschmackssinn können wir Nahrungsmittel auf sauer oder bitter überprüfen und so ungeeigneter Nahrung aus dem Weg gehen. Die vier anderen Geschmacksrichtungen, die wir erkennen können, nämlich salzig, süß, umami und fett, dienen uns dazu, unsere Nahrung nach ihrem Mineraliengehalt und dem Gehalt von Kohlenhydraten, Eiweißen und Fetten zu überprüfen. Ohne den eben erwähnten Geruchssinn (Kapitel 9.4. Olfaktorische Wahrnehmung) wäre die Sinneswahrnehmung des Schmeckens deutlich eingeschränkt. Das ist jedem von uns in der winterlichen Erkältungszeit schon so ergangen. Mit verstopfter Nase schmecken wir nicht mehr viel oder eben anders. Der Geschmackssinn hat ebenso eine wichtige Schutzfunktion um uns unser Überleben zu sichern.

Aber der Mund ist auch unser erstes Erkundungsorgan und Elijah nimmt auch im Alter von fast 10 Jahren noch alles in den Mund. Er isst vom Kräuterbeet genauso wie von der Wiese oder der Hecke. Bücher, Stifte, Spielzeug, Fäden, Kissen, Schuhe, alles wandert zuallererst in seinen Mund. Er scheint nicht zwischen wohlschmeckend und unangenehm oder eklig unterscheiden zu können. Man kann auch aus seiner Mimik keinerlei Information beziehen, wie es für ihn ist, von einem Löwenzahn abzubeißen oder Kresse zu essen. Selbst eine ganze Knoblauchzehe löste keine sehenswerte Reaktion aus. Die bisher einzige Ausnahme war eine Bohne, deren Verzehr zu einer kleinen Schüttel-Aktion führte, die sich nach einer weiteren Bohne dann allerdings legte. Der Geschmackssinn, wie jeder andere unserer Sinne, kann sich durch Neugier und Mut zum Probieren weiter entwickeln und somit entscheidend zur Lebensqualität beitragen. Wir bieten Elijah immer wieder neue Sachen zum Kosten an, und wenn es nicht gleich klappt, dann versuchen wir es später noch einmal.

Ich habe immer wieder Phasen durchlebt, in denen ich sehr eingeschränkt und einseitig gegessen habe. So gab es eine Reis-Phase, bei der der Reis als Halbkugel auf dem Teller serviert werden musste. Es gab eine Mortadella-Phase, Zucker auf Schwarzbrot und im erwachsenen Leben auch eine ausgedehnte Glasnudel-Phase. Mit Geschmack konnte ich lange Zeit nicht viel anfangen. Als Kleinkind war mir süß schon wichtig und ich wollte lieber Marmelade aufs Brot als Wurst. Aber mein Essen durfte weder zu hart noch zu weich sein. Am liebsten hätte ich alles separat auf einem in verschiedene Segmente unterteilten Teller gehabt. Eintopf war mir ein Graus, weil alle Zutaten vermischt und nicht mehr eindeutig erkennbar waren. Mittlerweile, vor allem seit ich selbst koche, hat sich das etwas gelegt. Aber es gibt trotz alledem noch genügend Tage, an denen ich kein Hühnerfrikassee essen kann. Bei mir ist es so, dass ich meine Nahrung eigentlich hauptsächlich nach dem Geruch und dann nach der Konsistenz ordne und wahrnehme. So mag ich Suppe zum Beispiel sehr fasrig. Als eine Bekannte mir in solch eine schöne fasrige Möhrensuppe noch einen Schuss Möhrensaft gab, um die Suppe geschmeidiger zu machen, hat sie mir das Essvergnügen komplett genommen. Ein Beispiel, das wieder allzu deutlich zeigt, wie subjektiv Wahrnehmung nun mal ist und immer bleiben wird. Sie hat nach ihrem Erfahrungs- und Erwartungszahnrad gehandelt und von sich automatisch auf mich geschlossen. Eine einzige Frage ihrerseits hätte dieses Fiasko verhindert. Können Sie sehen, dass die vielfach gepriesene Theory of Mind auch sehr schädlich sein kann und wir mit Vermutungen ganz und gar nicht immer richtig liegen. Ich denke, wenn nicht-autistische Menschen hierbei an sich arbeiten, auch in ihrem alltäglichen Leben viele kleinere und größere Missverständnisse gar nicht erst auftreten würden. Jeder von uns ist in seiner Geschmackswahrnehmung also sehr eigen, autistische Menschen vielleicht ein ganzes Stück mehr und aufgrund der geringen Fremdwahrnehmung (siehe Kapitel 10.3.) auch nicht so bereit, die eigenen Bedürfnisse zugunsten der Gemeinschaft etwas in den Hintergrund zu rücken.

Es gibt Menschen, die mögen keine „unbekannten Knubbel" im Essen, andere wiederum mögen nur süße Sachen. Ein Hinweis darauf, dass sich der Geschmackssinn manchmal nicht weiterentwickelt. Drängt man diese Menschen zum Essen der von ihnen nicht annehmbaren Speisen, so kann es zu einer kompletten Essensverweigerung kommen. Elijah hat anfangs das Essen von Reis komplett abgelehnt. Nicht, weil er ihm nicht geschmeckt hat, sondern weil er nicht wusste, ob er diesen nun kauen oder gleich schlucken soll. Auch hier gilt miteinander ins

Gespräch zu kommen. Führen Sie doch mal ein offenes Gespräch über Essen und Geschmack, bei dem jeder sagen darf, was er gern isst, was er nicht isst und warum das so ist. Danach kann gemeinsam nach Lösungen und Strategien gesucht werden, damit ungewöhnliches Essverhalten letztendlich nicht zu einer Mangelernährung führt. Bei nicht-verbalen Autisten wie Elijah ist dies nur schwer möglich. Hier gilt es zu beobachten und geduldig auszuprobieren und auch zu zeigen, wie man was isst. Stellen Sie sich vor, Sie sind in einem anderen Land, einem anderen Kulturkreis zu Gast und sitzen dort an einem gedeckten Tisch. Sie wissen weder wie die Speisen heißen, noch wie sie schmecken oder wie man sie isst. Und die Sprache Ihrer Gastgeber gibt Ihnen noch zusätzliche Rätsel auf. So in etwa habe ich als Kind Essenssituationen wahrgenommen und habe versucht, mich ihnen zu entziehen. Elijah dagegen versucht auch immer wieder Essen als Sicherheit in sein Leben einzubauen, was natürlich längerfristig nicht funktionieren kann und deshalb auch immer wieder von mir unterbrochen wird. Er hat strikte Essenszeiten und bekommt auch nichts zwischendurch. Was von anderen Kindern als eine leckere Ausnahme erkannt wird, wird für ihn ganz schnell zur festen Regel und am Ende dreht es sich dann nur noch um Gummibärchen oder Schokoladenplätzchen. Da Elijah gluten- und laktosefrei ernährt wird, fallen viele Süßigkeiten von ganz allein weg. Er kennt diesen Naschkonsum eigentlich nicht.

Auch nicht-autistische Menschen machen zuweilen Erfahrungen mit Belohnungs- und Frustessen. Dass Essen auch Sicherheit geben kann, ist auch Ihnen nicht unbekannt. Zum Essen sei außerdem noch zu sagen, dass es zumindest bei mir die Selbstwahrnehmung (siehe Kapitel 10.1.) enorm hochfährt. Es hat lange gedauert, bis ich in der Gemeinschaft essen konnte. Besonders mit Menschen, die ich nicht oder noch nicht gut kenne, fällt mir das auch heute noch schwer. Ich nehme dann jede meiner Bewegung, auch das Kauen und Schlucken bewusst wahr. Nach einer Weile ist es mir dann einfach unmöglich weiterzuessen. Essen aber ist eine sehr soziale Angelegenheit und findet oft in Verbindung mit Geschäfts- oder Vertragsabschlüssen statt. Meine eigene gluten- und laktosefreie Ernährung erlaubt mir zumindest teilweise, mich von der Nahrungsaufnahme zu entschuldigen. Dies ist keine Lösung, aber das einzige, was mir momentan in einer solchen Stresssituation hilft. Kommt Zeit, kommt Rat. Die Suche nach neuen und vor allem besseren Kompensationsstrategien ist eine ewig währende. Sie ist von Zeiten des Erfolges genauso geprägt wie von denen der Misserfolge. Die beste Kompensationsstrategie ist meiner Meinung nach das Miteinanderreden, damit man ins Gespräch kommt, zuhört und versucht zu verstehen. Nur so gelingt es aus der Begegnung unterschiedlicher Wahrnehmungen einen Erfolg zu machen und neuronale Vielfalt schätzen zu lernen.

9.6. Zeit-Wahrnehmung

Mein Güte, wie die Zeit vergeht, jetzt sind wir schon fast am Ende des großen Kapitels „Sinneswahrnehmungen“. Zeit vergeht natürlich nicht (Realität), sondern wir empfinden es so. Es ist unsere Wahrnehmung. Und wie die meisten Menschen darauf reagieren, wissen Sie. Richtig, mit Hast und Eile. Der Zeit-Wahrnehmung kann kein spezifisches Körper- bzw. Sinnesorgan zugeordnet werden, sie ist somit auch keine Sinneswahrnehmung. Dennoch sprechen wir immer wieder von unserer sogenannten inneren Uhr oder unserem Zeitsinn, weshalb ich auch diese Wahrnehmung hier nicht unerwähnt lassen möchte. Wir erleben alle immer wieder, dass wir den zeitlichen Ablauf einer Sache oder Tätigkeit als schnell oder langsam empfinden. Meist kommt es uns so vor, als würde die Zeit bei schwierigeren Aufgaben langsamer vergehen und bei Dingen, die uns Spaß machen, schneller. Ein anderes Beispiel für die unterschiedliche Wahrnehmung von Zeit ist eine Autofahrt von A nach B und wieder zurück. Während uns die Fahrt von A nach B, also die Hinfahrt, lang erscheint, so kommt uns die Rückfahrt kürzer vor. Diese Wahrnehmung entsteht, weil uns die Hinfahrt an den noch unbekannten Ort „B“ neu ist und viele unbekannte Eindrücke auf uns einströmen, die unser Gehirn verarbeiten muss. Auf der Rückfahrt dagegen muss es weniger hart arbeiten, da der Weg nun bekannt ist und nicht mehr unsere gesamte Aufmerksamkeit erfordert. Dieser Weg wird unterbewusster zurückgelegt und kommt uns kürzer vor. So scheinen auch die letzten Tage Ihres Urlaubs immer schneller zu vergehen als die Tage kurz nach der Ankunft, an denen alles noch neu ist und es vieles zu entdecken gilt. Stellt sich eine Routine ein, dann ändert sich auch unsere Zeitwahrnehmung. Beschäftigt man sich, dann vergeht die Zeit schneller, als wenn man nur im Sessel sitzt und Daumen dreht. Auch beim Warten an der Kasse im Supermarkt mit Blick auf die Uhr erleben viele Menschen Zeit als eine Ewigkeit, die einfach nicht vergehen will. In diesem Moment ist die Zeitempfindung wohl blockiert, die innere Uhr stehen geblieben.

Als Kind hat es mich immer sehr verwirrt, wenn ich auf die Uhr verwiesen wurde und man mich zur Eile antrieb. Ich habe lange nicht verstanden, welche Funktion dieses Ding an Wand oder an den Handgelenken der Menschen eigentlich erfüllt. Sie schauten drauf und gerieten dann entweder in Panik oder lehnten sich noch einmal im Stuhl zurück und meinten, wir hätten noch Zeit. Wir haben immer Zeit, habe ich oft zu meinem Großvater gesagt, denn die Zeit vergeht doch nicht. Er lächelte und stimmte mir zu, aber er sagte auch, dass es die Stunden und Minuten sind, die vergehen und wir mit ihnen. Mir scheint, als stünde ich schon immer auf Kriegsfuß mit der Zeit. Erst im Alter von 14 Jahren habe ich die analoge Uhr einigermaßen verstanden, aber richtige Freunde sind wir nie geworden. Ich war heilfroh, als ich kurz danach meine erste Digitaluhr geschenkt bekam. Ich hatte und habe nie wirklich das Gefühl, dass mir die Zeit wegläuft. Ich lebe im Moment, in der Gegenwart, also immer im 3-Sekunden-Takt. Es fehlt mir schwer in größeren Zeiteinheiten zu denken und entsprechend zu planen und zu handeln. In meinem Moment habe ich immer Zeit und nehme dies auch so wahr.

Neulich war ich auf dem Weg zu einem Vortrag und plötzlich sprach mich noch jemand mit einem interessanten Thema an. Ich blieb stehen und verlor mich sofort in diesem Moment. Die Tatsache, dass ich in 5 Minuten mit meinen Vortrag beginnen musste, zu dem ich gerade noch unterwegs war, war wie weggeblasen, völlig unwichtig. Es kommt mir so vor, als würde ich in bestimmten Momenten „hängen bleiben." Ich brauche dann Hilfe von außen, entweder in Form eines Mitmenschen oder eines Alarms, der mich daran erinnert, dass ich eben keine Zeit habe, der mich aus diesem zeitlosen Moment zurückholt und an das erinnert, was als Nächstes kommt, nämlich mein Vortrag. Ich schaffe es ganz gut, mich an Zeitpunkte zu halten, d.h., ich komme selten zu spät. Durch bewusstes Auf-die-Uhr-Schauen kann ich mich selber immer wieder daran erinnern, was als Nächstes kommt, aber ich habe kein Gespür dafür, wie lange eine halbe Stunde ist oder was man in fünf Minuten noch schaffen kann und was nicht. Ich verstehe nicht, wie einem die Zeit wegrennen kann oder dass man sie manchmal totschlagen muss (siehe auch Kapitel 7.3. Sprachverständnis). Ich vertiefe mich so schnell in Dinge, dass ich dann wieder nur in meinem Moment lande und die Zeit vergesse. Ich habe einfach kein Gefühl für die Zeitdauer. Ich kann nach einem Gespräch nicht sagen, wie lange es ungefähr gedauert hat. Um meine Vorträge innerhalb der vorgegebenen Zeit zu absolvieren, nehme ich eine Uhr zu Hilfe, die mir die Zeit sichtbar macht. Eine rote Scheibe zeigt mir die noch verbleibende Zeit ganz deutlich und unmissverständlich an. So muss ich mich nicht auf die Wanduhr konzentrieren, die ich in Stresssituationen sowieso nicht mehr verstehe. Besser geht es wirklich nicht. Mittlerweile habe ich einen solchen Zeitmesser für mein Tablet und als Armbanduhr für das Handgelenk. Auch bei der Zeit muss ich mich anders strukturieren und nicht immer führt es zum Erfolg.

Elijah dagegen scheint ein Zeitgefühl zu haben, das wie ein Schweizer Uhrwerk funktioniert. Er blickte in seinen Therapiestunden regelmäßig nach 45 Minuten zur Uhr, als ob er sagen will, so, jetzt ist Schluss. Gab es keine Uhr im Raum, dann ging er wie funkgesteuert zur Tür. Es war nicht möglich, ihn auszutricksen, um mal eine halbe Stunde länger zu machen, weil es in der Hundetherapie gerade gut lief. Eins, zwei, drei, Zeit vorbei. Auch seine Essenszeiten kann man nicht verschieben. Er weiß genau, wann es 12 Uhr und damit Mittagszeit ist. Es ist wichtig für ihn, dass wir uns an diese Zeiten halten, damit er sich wenigstens auf diese Struktur verlassen kann. Ich brauche immer wieder Input von außen, um mich nicht in meinen Lieblingsbeschäftigungen zu verlieren und dann am Ende des Tages mit dem Gefühl dazustehen, nichts geschafft zu haben. Ich schreibe mir Pläne und gebe mir Zeitfenster für bestimmte Aufgaben. Heute schreibe ich zwei Stunden an diesem Kapitel und danach rahme ich 2 Stunden Bilder für eine Ausstellung ein. Zwischen durch muss Elijah gefüttert werden, denn er verlangt zwischen 16.30 und 17 Uhr nach seinem Abendbrot. Es fällt mir schwer, mich nicht von anderen Dingen, die alle gleich wichtig erscheinen, ablenken zu lassen, sondern meinem Tagesplan Schritt für Schritt zu folgen. Es gelingt besser, wenn ich den Tagesplan selbst erstelle, als wenn er mir auferlegt wird. Früher ging das weniger gut, da damals andere Menschen über mich und meinen Tag verfügten. Ich konnte die Schulstruktur gut annehmen und liebte das Klingelsignal, welches durchs gesamte Schulhaus tönte. So wusste ich immer, dass jetzt entweder eine Schulstunde beginnt oder endet. Zu Hause hat mir diese Strukturierung zum Teil gefehlt. Ich mag es immer noch, beim Kochen durch den Kurzzeitwecker auditiv daran erinnert zu werden, dass die Zeit vorbei ist. Obwohl ich mich ansonsten eher visuell orientiere, so brauche ich bei allem, was mit Zeit zu tun hat, vor allem auditive Signale. Ein Problem, welches sich hier ergibt, ist, dass ich die meiste Zeit jedoch nur auf dem visuellen Kanal wahrnehme (Mono-Wahrnehmung). Deshalb passiert es immer wieder, dass ich auditive Signale gar nicht wahrnehme und am Ende trotz aller Strategien und Hilfsmittel doch wieder Probleme mit der Zeit bekomme. Aber es ist ja zum Glück genügend Zeit vorhanden.

10. Theory of Mind und Empathie

Unser Gehirn ist wirklich der geborene Modellbauer. Denken Sie bitte noch einmal an den Sonnenuntergang. Wir reagieren auf die Wahrnehmung, die in unserem Gehirn entsteht und für jeden von uns einzigartig ist. Die Wahrnehmung der Welt ist nur ein Abbild, ein Modell dieser, welches das Gehirn konstruiert. Wir wissen nicht, was Realität ist, sondern nur, was sie nicht ist. Aber es erstellt nicht nur dieses Modell, sondern auch ein Modell des eigenen Geistes und ein Modell des Geistes anderer. Diese drei Modelle sind auch wieder bei jedem von uns sehr unterschiedlich. So entsteht eine neuronale Vielfalt, die wir eigentlich schätzen müssten, bringt sie uns doch so viel Farbe, Bewegung und Leben in unsere Welt. Aber wir tun es nicht. Zu viel Angst macht uns all das, was anders ist. Ich hoffe, dass dieses Buch dabei helfen wird, diese Angst abzubauen und die Begegnung zwischen Menschen zu ermöglichen, die zwar anders sind, aber dennoch vieles gemeinsam haben. Es gilt, neuronale Vielfalt als eine einzigartige Chance zu begreifen, uns selber und andere Menschen besser zu verstehen und zu einem Miteinander zu finden, in welchem jeder Mensch den Platz innerhalb der Gemeinschaft haben kann, an dem er sich wohl und angenommen fühlt. Nun aber zu Theory of Mind und Empathie.

Theory of Mind ist ein Begriff, der im Zusammenhang mit Autismus immer wieder auftaucht und leider genauso oft mit dem der Empathie verwechselt bzw. gleichgestellt wird. Bei der Theory of Mind handelt es sich um das Vermögen eines Menschen, sich in andere Menschen hineinzuversetzen und so die Konsequenzen des eigenen Verhaltens abschätzen zu können. Dies ermöglicht es Ihnen, Ihr Verhalten in sozialen Situationen immer wieder zu kontrollieren und der Umgebung adäquat anzupassen. Theory of Mind ist nicht angeboren, sondern entwickelt sich in den ersten Lebensjahren. Im Alter von ca. 4-5 Jahren haben nicht-autistische Kinder begriffen, dass sie ein Ich sind und die anderen somit ein Du darstellen. Außerdem wissen sie jetzt, dass dieses Du das Ich wahrnehmen kann, und sie können sogar ziemlich akkurat erahnen, wie dieses Du das Ich sieht, denn sie haben auch verinnerlicht, dass die Anderen zwar andere sind, jedoch ihnen selbst auch sehr gleichen. Glaubt man neusten Studien, so kann schon Kleinkindern unter 3 Jahren die Fähigkeit zur Theory of Mind zugeschrieben werden. Eine große Sache für so kleine Menschen. Schon nach dem Lesen dieser wenigen Sätze wird Ihnen klar sein, wie wichtig diese Fähigkeit zur Theory of Mind im sozialen Miteinander ist. Es ist der Kitt der Gesellschaft, aus meiner Sicht eine Art Wunderwaffe, die den Menschen das Leben in der Gemeinschaft enorm erleichtert, ja, es vielleicht sogar erst ermöglicht.

Mir fehlt diese Fähigkeit zu großem Teil, was mir aber erst seit dem Wissen darum große Schwierigkeiten bereitet. Was ich sagen will, ist, dass ich ohne das Wissen um Theory of Mind unbeschwerter durchs Leben gegangen bin. Mir war gar nicht bewusst, warum Menschen mich zu meiden begannen und warum ich nie so beliebt war, wie ich es doch sein wollte. Heute verstehe ich das besser, aber vieles von dem, was passiert ist, kann ich nicht ungeschehen machen. Außerdem würde es doch nur wie eine lahme Entschuldigung klingen. Tut mir leid, dass ich hier und da als arrogant rübergekommen bin, aber ich habe Asperger Syndrom. Hab´s nur nicht gewusst. Nein, das geht wohl nicht. Man kann Holz sägen, aber keine Sägespäne. Aber es ist nie zu spät, neu zu beginnen und es besser zu machen. Um das tun zu können, musste ich verstehen, was Theory of Mind ist und wie Menschen mit ihr umgehen und sie einsetzen. Theory of Mind scheint bis zu einem gewissen Level auch erlernbar zu sein, denn sie findet auf kognitiver Ebene statt.

Die Empathie dagegen läuft auf der emotionalen Schiene ab. Es ist richtig, dass viele autistische Menschen Probleme damit haben, sich in andere Menschen hineinzuversetzen und deren mentalistische Zustände, also Bedürfnisse, Wünsche, Absichten, Erwartungen, Glauben und Meinungen, zu vermuten und diese mit ihren eigenen mentalistischen Zuständen zu vergleichen. Als ein Vorteil der fehlerhaften Theory of Mind bei Autisten kann vielleicht die Tatsache gesehen werden, dass autistische Menschen nicht bewusst lügen. Nicht weil sie es nicht wollen, sondern weil sie es gar nicht können. Bei der Empathie dagegen schneiden die meisten autistischen Menschen deutlich besser ab als nicht-autistische Menschen. Damit möchte ich dem Mythos, Autisten hätten keine Gefühle noch einmal aufs Schärfste widersprechen. Ganz im Gegenteil, Autisten haben oft zu viel Empathie, denn deren Grundlage ist die Selbstwahrnehmung, die bei autistischen Menschen so hoch ist, dass sie sehr oft auch zur Selbstkonfrontation wird. Das Wort Autismus kommt von griechisch autos = selbst. Es ist nicht so, dass autistische Menschen nur mit sich selbst sein wollen. Wir werden durch die erhöhte Selbstwahrnehmung regelrecht dazu gezwungen.

Ich reagiere häufig auf die Gefühle Anderer ohne es zu wissen. Mir fällt es schwer, Gefühle zu benennen, bei mir als auch bei anderen. Ich kann nur Angst, Wut und große Freude bei mir erkennen und bei Menschen, die mir nahe stehen. Seit ich mich mehr damit beschäftige, was ich fühle, und Gefühle aller Art auch zulassen kann, d.h. sie aushalten kann, fällt es mir leichter, diese auch bei meinem Gegenüber zu erkennen und benennen zu können. Ich habe begriffen, dass ich zuerst mich selbst kennenlernen muss, ehe ich Anderen wirklich begegnen kann. Das ist keine leichte Aufgabe, da ich immer Gefahr laufe, dass meine Selbstwahrnehmung zur Selbstkonfrontation wird. Dies kann innerhalb Sekunden geschehen und ändert alles. Elijah regt sich sofort auf, wenn seine Schwestern am Tisch nur über einen Kinofilm diskutieren oder darüber, welche Pizza in den Ofen soll. Er beruhigt sich in Stresssituationen schneller, wenn wir alle ruhig bleiben und so tun, als wäre nichts gewesen. Er übernimmt ständig unsere Gefühle. Statt Theory of Mind nutzt er Empathie, um sich in andere Menschen hineinzuversetzen. Ich kann dies für mich mittlerweile als Kompensationsstrategie nutzen, indem ich mich in Situationen, in denen ich gefühlsmäßig nicht mehr durchblicke, auf meinen Lebensgefährten verlasse. Ich übernehme seine Wahrnehmung, fühle seine Gefühle. Ist er ruhig, kann ich es auch sein. Egal, ob Theory of Mind oder Empathie, beides hat mit Selbstwahrnehmung zu tun. Sie scheint die Voraussetzung dafür zu sein, Andere überhaupt wahrnehmen zu können.

10.1. Selbstwahrnehmung

Die Selbstwahrnehmung ist die Wahrnehmung des eigenen Selbst. Die Entwicklung des Selbst beginnt wahrscheinlich schon im Mutterleib. Zum Zeitpunkt der Geburt nimmt sich ein Baby jedoch noch nicht als eigenständiges Wesen wahr. Es hat noch keine Selbstwahrnehmung. Haben Sie sich schon mal vor Ihrem eigenen Spiegelbild erschreckt? Genau in diesem Moment fehlte auch Ihnen die Selbstwahrnehmung. Ein anderes Beispiel ist der Wellensittich, der sich über sein eigenes Spiegelbild als Spielkameraden freut. Für ihn bedeutet der Spiegel nur eine Erweiterung seiner Umgebung. Die Entwicklung des Selbst ist eine rasante und so wird schon kurz nach der Geburt ein differenzierteres Selbst wahrgenommen und damit der erste Schritt zur Unterscheidung zwischen Selbst und Anderen getan. Ab dem 2. Lebensmonat nehmen Babys ihr Spiegelbild als für sich einzigartig wahr. Sie merken, dass die von ihnen im Spiegel gesehenen Bewegungen mit den gefühlten inneren Zuständen übereinstimmen. Das Spiegelbild wird unheimlich interessant und zum Ort der Begegnung mit dem eigenen Selbst. Der Moment, in dem sich das Baby im Spiegel erkennt, wird auch gern als Geburt des Ich bezeichnet. Im Alter von ca. 6 bis 18 Monaten weiß das Kind, dass die Person, die es im Spiegel sieht, es selbst ist. Es kann sich also identifizieren. Spätestens im Alter von 24 Monaten bestehen alle Kleinkinder den Spiegeltest, bei dem eine Haftnotiz auf dem Haar angebracht wird, welche das Kind sofort abmacht, wenn es in den Spiegel schaut. Elijah tut dies bis heute nicht. Manchmal schaut er sich ganz interessiert und mit einem breiten Lächeln im Spiegel an, aber es ist nicht zu erkennen, ob er sich selbst anlächelt oder meint, er hätte da einen Freund gefunden. Was er mittlerweile allerdings macht, er dreht sich zu mir um, wenn er mich im Spiegel hinter sich stehen sieht.

Im Laufe des zweiten Lebensjahres scheint die Entwicklung des Selbst bei vielen autistischen Menschen einen anderen Weg zu nehmen. Oftmals ist es dieser Zeitraum, in welchem Eltern von den ersten Verhaltensauffälligkeiten ihrer später als autistisch diagnostizierten Kinder berichten. Der fehlende Blickkontakt und die Zeigegestik, die nicht vorhanden ist, fallen ihnen auf. Außerdem interagieren die Kinder anders, es fehlt die geteilte Aufmerksamkeit. Dies alles sind wichtige Voraussetzungen für die Entwicklung eines Meta-Selbst und die Fähigkeit zur Theory of Mind. Normalerweise müsste dies jedem Kinderarzt auffallen, zumal die meisten Mütter bei den U-Untersuchungen darauf hinweisen. Aber immer noch werden besorgte Eltern mit den Worten „ das gibt sich schon“, „er ist eben langsamer“ oder „sie wächst da raus“ wieder beruhigt. Ein wichtiger Schritt ist die frühe Intervention, also Hilfsangebote bevor Verhaltensproblematiken sich so verfestigen, dass sie, wenn überhaupt, nur mühsam wieder entfernt werden können. Hier muss in Deutschland noch sehr viel geschehen. Dennoch ist auch bei später Diagnostik noch viel möglich, da unser Gehirn ein Leben lang lernen kann.

Im Alter von ca. 3 Jahren erkennen sich Kinder nun über den Spiegel hinaus auch dann auf Fotos wieder, wenn sie auf diesen jünger sind. Das Selbst hat nun eine zeitliche Dimension bekommen.

Ich schaue mir gern Fotos an, die mich bis zum Alter von ca. 7 Jahren zeigen. Sehe ich spätere Bilder von mir, dann fällt es mir schwer, mich auf diesen zu erkennen und mich mit der eigenen Person zu identifizieren. Auch Elijah liebt Fotos. Er hat in der Schule viele Fotos von uns und seinem Zuhause, die er oftmals als Anker nutzt.

Spätestens mit 4 oder 5 Jahren haben die meisten Kinder ein Meta-Selbst entwickelt. Sie wissen, ich bin ich und du bist du. Sie können sich selbst nun auch aus einer 3. Person Perspektive wahrnehmen, das heißt sie haben eine ganz gute Idee davon, wie andere sie sehen. Das Selbst hat nun nicht nur eine Eigenwahrnehmung (Ich) , sondern auch eine Andere-Wahrnehmung (Du). Außerdem besitzt es jetzt auch die für das Leben in einer Gemeinschaft notwendige Fremdwahrnehmung (wie das Du das Ich sieht). Diese Fremdwahrnehmung ermöglicht es Ihnen, in sozialen Situationen adäquat zu reagieren, also den Erwartungen (denken Sie an das Zahnrad aus Kapitel 1.1.) der Anderen zu entsprechen. Sie können Konsequenzen Ihres Verhaltens abschätzen und Ihr Verhalten entsprechend anpassen. Sie entwickelten im Laufe der Jahre ein ICH, welches sich schützend vor das Selbst stellt. Dieses ICH, das sind Sie jedoch nicht, dieses ICH ist immer nur ein Versprechen, an dem Sie sich orientieren, eine Idealvorstellung von dem, was Sie sein wollen. Sie haben alle schon erlebt, dass Sie oftmals eigentlich ganz anders agieren oder reagieren wollen, es aber nicht tun. In solchen Momenten konnten Sie Ihr ICH deutlich spüren, welches im ständigen Austausch mit der Umgebung (Andere-Wahrnehmung und Fremdwahrnehmung) dann die Notbremse zieht und Sie davon abhält, sich zu blamieren, ausfällig zu werden oder gar

Ihren Chef ins Schienbein zu treten. Meist schaffen Sie es dann noch bis nach Hause, wo Sie sich dann verbal an Ihrem Partner oder mit Hausarbeit abreagieren. Vielleicht kennen Sie es auch, dass Sie zu Hause nicht so geduldig, höflich, sprich sozial adäquat reagieren wie im Büro oder mit weniger bekannten Menschen. In vertrauter Umgebung sind wir mehr Selbst. Autistischen Menschen sind immer Selbst. Mir fehlt dieses Meta-Selbst, das heißt, es gibt kein schützendes ICH, welches um die Konsequenzen meines Verhaltens im sozialen Miteinander Bescheid weiß und entsprechend agiert. Dieses ICH, der Schauspieler, die Maske, die alle Menschen zumindest zeitweise tragen müssen, fehlt mir.

Der Begriff Autismus ist deshalb sehr gut gewählt. Autos, das Selbst, welches ohne Maskierung, ohne Schutz auf Andere trifft, die oft sogar mehrere Masken tragen und dies auch von jedem anderen Menschen erwarten. Dass eine solche Begegnung nicht gut gehen kann, ist uns wohl allen klar und wird tagtäglich überall auf der Welt wieder bewiesen. Ein Selbst kann nur einem anderen Selbst begegnen. Ein ICH-Mensch fühlt sich in der Begegnung mit einem Selbst, einem Autisten, fast immer angegriffen, weil ihn diese Begegnung dazu zwingt, sich selbst zu begegnen und kennen- und akzeptieren zu lernen. Bei vielen Menschen ist das ICH so stark geworden, dass sie ihr Selbst vergessen oder sogar ganz aufgeben. Einige machen sich auf die Suche nach ihrem Selbst in Selbstfindungsseminaren, wo man für viel Geld übers Wochenende zum Beispiel Kraft zur Selbstliebe tanken kann. Wieder andere springen aus Flugzeugen oder laufen Hausmauern herunter, um sich endlich zu finden. Jeder von uns befindet sich auf der Suche nach dem Selbst, aber keiner ist so nah dran wie ein Autist.

10.2. Andere Wahrnehmung

Mit der Selbstwahrnehmung kommt die Andere-Wahrnehmung, denn ein Ich macht nur dann Sinn, wenn es auch ein Du gibt. Ein Ich ist notwendig, um ein Du wahrnehmen zu können. Beide Wahrnehmungen sind voneinander abhängig und beeinflussen sich gegenseitig. In jeder sozialen Interaktion kommt es zur Wahrnehmung eines oder mehrerer Menschen. Das Ich trifft auf das Du. Bei mir ist es so, dass durch Begegnungen mit anderen Menschen in mir sofort eine erhöhte Selbstwahrnehmung ausgelöst wird, mir also sehr bewusst wird, dass es mich gibt. Dazu muss ich mich noch nicht einmal in einer aktiven Interaktion mit jemandem befinden. Nur der Blick eines anderen Menschen in meine Richtung reicht aus, damit ich mir selbst bewusst werde. Ich laufe dann sofort Gefahr, dass aus dieser Selbstwahrnehmung, die notwendig ist, um anderen Menschen begegnen zu können, eine Selbstkonfrontation wird. Dies kann ich auf die Dauer nicht aushalten. Ich habe deshalb mein ganzes Leben lang versucht, die Andere-Wahrnehmung so zu regulieren, dass es nicht zu dieser Überreaktion kommt. Dazu gehört unter anderem die Vermeidung des Blickkontaktes und letztendlich auch ein eigentlich nicht gewollter, aber sehr wohl notwendiger Mutismus, denn auch eigene Sprache löst Selbstwahrnehmung aus oder verstärkt sie. Ich habe erst spät begriffen, dass ich die Anderen, die mich umgaben, die ich sehen, hören und riechen konnte, trotz aller Unterschiede genau wie ich waren, nämlich Kinder.

Ich war schon 10 Jahre alt, als mir bewusst wurde, dass auch ich ein solches Kind bin und damit zu der Gruppe Kinder gehöre, die mich die meiste Zeit sehr nah umgab. Doch trotz dieser erwachenden Wahrnehmungen der Anderen fühlte ich zu diesem Zeitpunkt keinerlei Zugehörigkeit zu ihnen, aber ich verspürte den Wunsch danach. Ich denke, dass hier der Grundstein für meine Motivation zum „Dazugehören-Wollen“ gelegt wurde. Ich begriff, dass eine Wahrnehmung, also eine Beziehung zu anderen Menschen, notwendig ist, um Teil des Ganzen sein zu können. Heute ist mir klar, dass die Andere-Wahrnehmung, also das und wie ich einen Menschen sehe, höre, rieche und fühle, auch eine Art der nonverbalen Kommunikation ist. Durch das Beobachten ist es uns erst möglich, Schlüsse auf den Zustand, die Befindlichkeiten eines anderen Menschen zu ziehen. Isst mein Lebensgefährte zum Beispiel ein Stück Torte, so wird mir immer verwehrt bleiben, wie es für ihn ist, diese Torte zu essen. Ich werde nie wirklich wissen, wie sie ihm schmeckt, aber ich kann an seinem Gesichtsausdruck erkennen, dass sie ihm schmeckt, dass er gern Torte ist, weil er lächelt und „hmm“ und „ahh“ sagt. Beißt er jedoch auf einen Kirschkern und verzieht die Miene, dann weiß ich sofort, dass ihm etwas unangenehm ist. Ich kann somit seine Wahrnehmung indirekt miterleben und direkt davon profitieren.

In meiner Kindheit gab es mehrere entscheidende Hindernisse, die meinem geplanten Vorhaben, nämlich der Aneignung einer Anderen-Wahrnehmung, im Wege standen. Zuallererst kam ich mit meiner Selbstwahrnehmung überhaupt nicht klar. Bei der kleinsten Interaktion wurde diese zu massiver Selbstkonfrontation. Im Kindergarten wurde mir mein Fluchtinstinkt (Sie erinnern sich an die drei möglichen Reaktionsmuster der Amygdala) leider abgewöhnt, so dass ich zur Kampfreaktion übergehen musste. Doch Kampfreaktionen gegenüber Anderen zogen Aufmerksamkeit auf mich und, egal, ob negativ oder positiv, diese Aufmerksamkeit, die zu einer erhöhten Anderen-Wahrnehmung und damit zu mehr Selbstwahrnehmung führte, löste am Ende noch mehr Selbstkonfrontation aus. Ich war gefangen und blieb es lange Zeit. Erst seit einigen Jahren habe ich das Gefühl, dass ich meine Selbstwahrnehmung besser ausbalancieren und über die Andere-Wahrnehmung regulieren kann. Ich kann jetzt zum Beispiel in den Spiegel schauen ohne zu zerfallen. Natürlich nicht unvorbereitet, aber es ist trotzdem ein großer Schritt für mich. Ich kann aushalten, dass man mich auf meine Kleidung oder Frisur anspricht oder mich einfach nur anschaut. Ich habe gelernt, die Andere-Wahrnehmung genau in den Momenten auszublenden, in denen sie bei mir Selbstkonfrontation auslösen würde. Selektive Wahrnehmung wurde zur Kompensationsstrategie.

Was einfach klingt, das war in Wirklichkeit ein langer und steiniger Weg, der von sehr aggressivem und auch autoaggressivem Verhalten geprägt wurde und oftmals an schierer Verzweiflung zu enden drohte. Es gibt auch heute noch immer wieder Tage, Aschetage, an denen es mir nicht gelingen will, mich so zu regulieren, dass das DU nicht zu einer Bedrohung für mich wird. Elijah leidet sehr darunter, die Andere-Wahrnehmung noch nicht besser regulieren zu können, und stößt immer wieder sehr schnell an seine Grenzen. Er ist jetzt im gleichen Alter, in dem auch ich mir nicht anders als mit autoaggressivem Verhalten zu helfen wusste. Es war die einzig effektive Art und Weise, um drohende Selbstkonfrontation abzuwenden oder sie wieder auf den Level einer annehmbaren Selbst-Wahrnehmung zu bringen. Autoaggressives Verhalten bei autistischen Menschen ist für die Umgebung, besonders für die Familien, sehr schwer zu ertragen, aber ist eine unmittelbare Reaktion auf den Autismus und sollte deshalb nicht einfach unterbrochen werden. Ich leide mit, wenn ich sehe, wie sich Elijah schlägt oder kratzt, aber ich weiß auch, dass er gerade nichts anderes hat, um wieder so bei sich sein zu können, dass er es aushalten kann.

Ich bin mir nicht sicher, ob Autoaggression überhaupt der richtige Begriff ist, um unsere Verhalten in diesen Situationen zu beschreiben. Es geht mir eigentlich darum, mich wieder zu regulieren, mir wieder begegnen zu können, mit mir sein zu können. Mein Verhalten ist damit nicht gegen mich gerichtet, sondern ausschließlich für mich. Wie bei jedem anderen unerwünschten Verhalten, gilt auch bei autoaggressivem Verhalten gut zu beobachten und so immer wieder zu versuchen, die Auslöser zu finden, um diese zu eliminieren. Bei mir sind es hauptsächlich erhöhte Selbstwahrnehmung und Selbstkonfrontation, die zu autoaggressivem Verhalten geführt haben. Bei Elijah kommt auch noch das Verlangen bzw. die Notwendigkeit des Sich-spüren-Wollen und des Sich-spüren-Müssen, also Körperwahrnehmung, hinzu, die er oftmals nicht anders erzeugen kann. In Stresssituationen greift man zum nächstliegenden Mittel, was nicht immer das optimale ist.

Bestimmt haben Sie auch schon Situation erlebt, in denen Sie am liebsten mit dem Kopf an die Wand oder auf die Tischplatte geschlagen hätten. Auch Sie haben schon erlebt, wie Begegnungen mit anderen Menschen Ihre Selbstwahrnehmung hochgefahren hat, wie ein einziger Kommentar Sie hat wünschen lassen, unsichtbar zu sein oder vom Boden verschluckt zu werden. Auch meine Kompensationsstrategie der selektiven Wahrnehmung ist Ihnen nicht fremd, obgleich Sie sie vielleicht nicht so bewusst einsetzen wie ich. Auch Sie haben schon öfter mal die „Welt um sich herum vergessen". Verliebte oder Streitende in der Öffentlichkeit sind weitere gute Beispiele für eine verminderte oder selektive Andere-Wahrnehmung. Auch Menschen, die am Handy sind, vergessen ziemlich schnell, dass sie mit anderen Menschen in einem Zugabteil sitzen. In dem Moment, in dem das Gespräch beendet ist, sind wir anderen plötzlich wieder da. Dann kommt es oft zu einer Erhöhung der Selbstwahrnehmung durch die abrupt wieder einsetzende Andere-Wahrnehmung und unser Telefonierer schämt sich womöglich. Jetzt hat er nämlich nicht nur eine erhöhte Selbstwahrnehmung oder gar schon Selbstkonfrontation und die Andere-Wahrnehmung, sondern er hat nur auch Fremdwahrnehmung, die ihn rot werden lässt.

10.3. Fremdwahrnehmung

Die Fremdwahrnehmung lässt uns uns schämen oder stolz sein. Sie ist das Wissen, dass und wie das DU das ICH wahrnimmt. Fremdwahrnehmung lässt uns wissen, dass in anderen Menschen eine Wahrnehmung, ein Bild von uns entsteht, welches ihr Verhalten gegenüber uns beeinflusst. Diese Bild ist immer nur ein Abbild des ICH. Nur in ganz seltenen Fällen nehmen Sie das Selbst Ihres Gegenübers wahr. Dies ist aber bei autistischen Menschen genau der Fall, da diese kein oder ein nur wenig effektiv funktionierendes ICH als Maske tragen. Die Maske wird vom eigenen Erfahrungs- und Erwartungszahnrad (siehe Kapitel 1.3. Verhalten) und auch von dem unseres Gegenübers beeinflusst. Das heißt, die jeweilige soziale Situation bestimmt, welche Maske getragen wird, getragen werden muss, um in anderen Menschen genau das Bild von uns zu erzeugen, welches dem entspricht, was wir von uns preisgeben wollen. Das Bild sollte sich auch mit dem decken, was andere Menschen von uns sehen wollen. Keine leichte Sache. Die Fremdwahrnehmung macht das Leben zu einem ewigen Maskenball. Wer es in unserer Gesellschaft nicht schafft, die jeweils richtige Maske zu tragen, der bleibt bislang noch draußen. Menschen ohne Maske, ohne ICH, Menschen, die Selbst sind, autistischen Menschen bleibt die wirkliche Teilhabe am gesellschaftlichen Leben und damit an der Gemeinschaft oftmals verwehrt.

Um Fremdwahrnehmung zu haben, eine Maske gezielt aussuchen und tragen zu können, muss ich nicht nur wissen, wie ich auf andere

Menschen wirke, sondern muss auch erahnen können, welches Bild von mir in ihnen entsteht und warum. Nur dann kann ich mein Verhalten, meine verbalen Äußerungen, meine Mimik und Gestik so verändern, dass es dem Erfahrungs- und Erwartungszahnrad meines Gegenübers besser entspricht und die Konsequenzen sowohl für mich als auch für die Anderen annehmbar sind. Das heißt, ich musste lernen, Menschen das widerzuspiegeln, was sie sehen wollten und mussten, um mir einen Platz in ihrer Mitte zu sichern. Ich musste immer wieder lernen, mir neue Masken zu basteln und vor allem die passende Maske auch im richtigen Moment aufzusetzen. Das habe ich mir durch jahrelanges Beobachten meiner Umgebung mühevoll angeeignet und mich als Kind immer wieder gewundert, woher meine Mitschüler das Wissen um diese Maskerade haben. Dass sie ein funktionierendes ICH haben, welches bei ihnen als eine Art eingebautes Programm einfach so vorhanden ist, das ist mir erst viel später, nämlich zum Zeitpunkt meiner Diagnose, bewusst geworden. Da erst begann ich mich mit dem Phänomen Fremdwahrnehmung zu beschäftigen.

Aber mir wird auch mehr und mehr bewusst, wie hinderlich es auch sein kann, Fremdwahrnehmung zu haben. Natürlich ist es wichtig, dass wir als Herdentiere wissen, wie andere in unserer Herde uns wahrnehmen, welches Bild sie von uns haben, um uns besser an die Gruppe und ihre Bedürfnisse und Regeln anpassen zu können. Wir streben alle nach Anerkennung. Aber dieses Streben birgt auch Gefahren, denn die Rückmeldungen, die wir von unseren Mitmenschen erhalten, sind mit Vorsicht zu genießen. Sie werden nicht ohne Eigennutz vergeben. Es gilt also genau zu prüfen, wer uns da den Spiegel vorhält und unsere Maske entweder lobt oder kritisiert und warum. Sind die Motive nicht reiner Natur, dann müssen wir das Abbild, was diese Menschen von uns haben, nicht wirklich ernst nehmen und unsere Maske nicht korrigieren. Es kann sein, dass Menschen uns ein negatives Feedback nur deshalb geben, weil sie neidisch auf uns sind oder uns aus anderen Gründen nicht mögen. Bei Menschen, die wir mögen und auf die wir uns verlassen können, ist das anders. Hier können wir darauf vertrauen, dass sie uns richtige Rückmeldungen geben, und können das Bild, das von uns in anderen Menschen entsteht dahingehend überprüfen, ob es dem entspricht, was wir uns vorstellen und wie wir gern gesehen werden wollen. Das sind alles sehr komplizierte Überlegungen, die nicht-autistischen Menschen jedoch keine großen Schwierigkeiten zu bereiten scheinen. Ich muss mir solche Gedankengänge immer wieder bewusst machen. Vor meinen Vorträgen oder Auftritten muss ich mir regelrecht einschärfen, dass die Anderen mich sehen und hören, und ich versuche mir deutlich zu machen, dass ich auf eine ganz bestimmte Art auf mein Publikum wirken werde. Dann heißt es zu überlegen, wie ich denn gesehen und gehört werden möchte und was ich tun kann, dass ich genau diesem Bild entsprechen kann. Das kostet nicht nur Zeit, sondern enorm viel Kraft. Das ist Energie, die mir dann später wieder irgendwann fehlen wird. Aber wie schon gesagt, es ist in unserer Gesellschaft nun mal sehr wichtig, dass ich Ihr Erfahrungs- und Erwartungszahnrad nicht allzu sehr enttäusche. Auf meinen Veranstaltungen zum Thema Autismus mag das alles noch gehen, denn Teil Ihrer Erwartungshaltung ist es, Autismus zu erleben. Da wirke ich dann vielleicht eher etwas ernüchternd auf Sie, denn mein Behelfs-ICH kann eine Zeit lang sehr gut funktionieren und durchaus auch den Eindruck erwecken, ich sei vielleicht gar kein Autist. Das ist ja auch mein Ziel, denn ohne Maske darf ich nicht auf Ihrem Maskenball tanzen. Ich schaffe dies aber wirklich nur über einen begrenzten Zeitraum.

Elijah kann das noch gar nicht. Er weiß vielleicht, dass andere Menschen ihn sehen, denn er reagiert darauf, angestarrt zu werden. Aber er weiß nicht wirklich, wie die anderen ihn sehen, welches Bild von ihm in ihnen entsteht. Würde er es wissen, dann würde er sein Verhalten entsprechend anpassen, denn er will dazugehören. Darum kämpft er jeden Tag, wenn es sein muss auch mit Autoaggression. Bitte vergessen Sie das nicht. Auch dann, wenn es ein Verhalten ist, das Ihnen vollkommen unverständlich ist, auch dann, wenn es nicht den Regeln der Gesellschaft entspricht, verurteilen Sie es auch dann nicht, denn es zeigt doch immer wieder, dass es autistischen Menschen nicht egal ist, ob sie dazugehören oder nicht. Wir wollen, aber wir können oft einfach nicht. Ohne Hilfe ist das nicht zu schaffen. Es braucht Verständnis, Toleranz und Akzeptanz für diese andere Art des Seins. Ohne Maske, offen und ehrlich der Welt begegnen (müssen), das ist Autismus.

Autistisches Verhalten mag Ihnen noch so fremd erscheinen, so unerwartet sein und der Mensch deshalb für Sie nicht mehr einschätzbar, aber dennoch ist Autismus viel näher an Ihnen dran, als Sie glauben, denn auch Sie haben ein Selbst. Doch Sie schützen oder verdecken es mit einem gut funktionierenden Ich, welches Sie wie eine Maske tragen und der jeweilige Situation anpassen können. Je mehr Sie gewillt sind, Ihre Masken auch mal fallen zu lassen und sich in solchen, wenn auch nur kurzen Momenten, der Auseinandersetzung mit Ihrem Selbst zu stellen, desto besser werden Sie Autismus verstehen können. Denn nur der schafft es, einem anderen Menschen offen und ehrlich zu begegnen und ihn anzunehmen, der sich selbst begegnen und annehmen kann. Dies ist eine Grundvoraussetzung für Toleranz und Akzeptanz gegenüber anderen, anders seienden Menschen. Wir leben in einer Gemeinschaft, die schon immer durch neuronale Vielfalt bestimmt wurde. Es ist Zeit, dass wir eben diese Vielfalt schätzen und akzeptieren lernen, damit Inklusion nicht nur ein Wort bleibt, sondern irgendwann wirklich die Grundlage unseres Miteinanders bildet. Dafür ist es notwendig, dass autistischen Menschen Strategien angeboten und erklärt werden, dass ihnen Hilfsangebote gemacht werden, die sie annehmen können. Dabei soll Ihnen das nächste und abschließende Kapitel dieses Buches behilflich sein.

11. Strategien und Hilfsmittel

Mit den Strategien und Hilfsmitteln ist es so eine Sache. Was dem einen hilft, kann für den anderen ein Stressor sein und umgekehrt. Dennoch soll dieses Kapitel eine Art Werkzeugkoffer für Sie sein. Wenn es mit dem einen nicht klappt, dann versuchen Sie etwas anderes. Probieren Sie aus. Vielleicht muss es auch eine Kombination aus verschiedenen Dingen sein, die am Ende hilft. Diese zu finden ist keine einfache, aber auch keine unlösbare Aufgabe. Mein durch den Autismus bedingtes Anderssein erfordert das Ausgleichen von Defiziten, so dass ich am Ende zum selben Ergebnis komme wie alle anderen, nur eben über einen anderen Weg. Ich wäre froh gewesen, wenn mich als Kind jemand an die Hand genommen und mir die Welt so erklärt hätte, dass ich sie verstehen kann. Doch ich musste meine Strategien selber finden. Auch heute bin ich hauptsächlich auf mich selbst angewiesen, aber da ich gelernt habe offen mit meinem Autismus umzugehen, eröffnen sich mir automatisch neue Möglichkeiten, Dinge zu verstehen und zu erlernen. Ich kann fragen und um Erklärungen bitten. Ich kann meine Umgebung darüber aufklären, was für mich möglich ist und was nicht und warum das so ist. So gebe ich meinen Mitmenschen die Chance, mit mir zusammen an einer Verbesserung der Situation zu arbeiten und gleichzeitig ein Verständnis für einander entwickeln zu können. Strategien sind immer längerfristig angelegt, das heißt, sie funktionieren nicht von heute auf morgen. Man muss das Ziel im Auge behalten und die Strategie auch immer wieder danach ausrichten. Die Fragen, die ich mir immer wieder stellen muss, sind : Was will ich erreichen und wie kann ich es erreichen? Ich möchte einen Platz in der Gesellschaft haben und meinen Beitrag dazu leisten, dass es eine bessere Gesellschaft wird, eine, in der wir alle unseren Platz haben können. Ich möchte Menschen begegnen können und ihnen die Begegnung mit mir ermöglichen, damit sie mich kennenlernen können und sehen, dass mein Anderssein gar nicht so weit weg von ihrem eigenen Sein ist.

Die hier aufgeführten Strategien und Hilfsmittel sind die mir zur Verfügung stehenden Mittel und Ressourcen, um dies erreichen zu können. Bitte verstehen Sie diese nicht als Allheil- oder Wundermittel. Jeder Mensch ist einzigartig und muss daher seinen Weg selbst finden. Aber dennoch bin ich der Meinung, dass keiner das allein tun muss. So ist dieses Kapitel mein Angebot an alle die, die Rat suchen und Neues, Anderes ausprobieren wollen. Bitte bedienen Sie sich einfach. Haben Sie keine Angst davor, auszuprobieren, zu experimentieren, zu verändern und hinzuzufügen.

11.1. Stimming

Das erste Werkzeug in Ihrem Koffer ist das Stimming, über welches ich schon im Kapitel 5 geschrieben habe. Doch da es meine Hauptkompensationsstrategie ist, muss es auch in diesem Kapitel noch einmal näher erklärt werden. Es ist mir durchaus bewusst, dass es für viele von Ihnen nicht leicht ist, meinen Erklärungen zum Stimming zu folgen und sie als befriedigend zu empfinden. Dazu muss ich sagen, dass ich zwar aus Erfahrung weiß, dass Stimming für mich und auch für Elijah funktioniert, aber trotzdem nicht bis ins Detail erklären kann, warum das so ist. Stimming ist die beste Beruhigungstaktik. Ich kann mit Gewissheit sagen, dass mich Stimming enorm beruhigt. Auch Elijah kann sich mithilfe seines Fadens effektiv herunterfahren. Dadurch, dass der Stresslevel erheblich sinkt, ist mir dann ein wesentlich adäquateres Handeln in der jeweiligen Situation möglich. Ich muss diese also nicht verlassen. Stimming ermöglicht demzufolge ein Aushalten von ansonsten zu stressigen Situationen. Es kann sowohl eine Flucht- als auch eine Kampfreaktionen verhindern. Vielleicht kann man es mit einer Art Puffer für die Amygdala vergleichen. Durch das Stimming entsteht eine Art Knautschzone, die Stressoren absorbieren und damit meine Aufmerksamkeit von ihnen weglenken kann. So wird die Amygdala anscheinend beruhigt, indem sie den Stimming-Reiz als vertraut erkennt und deshalb als nicht gefährlich einschätzt. So bleibt sie gelassen und löst keinen Alarm aus. Gäbe es zum Beispiel an Fahrzeugen diese Knautschzone nicht, wären sie also nicht so flexibel gebaut, dann käme es bei einer Kollision dazu, dass die Verformungen nicht am Fahrzeug, sondern an den Insassen auftreten würden. Um dies zu verhindern, hat man die Knautschzone als Puffer erfunden. Mir erscheint es durchaus so, als würde mein Stimming die auf mich einwirkenden Reize dämpfen. Mit dem gezielten Setzen eines mir bekannten Reizes (Zehen wackeln, rückwärts zählen) kann ich andere weniger vertraute und damit für mich potenziell gefährliche Reize blockieren. Als Kind habe ich, genau wie Elijah jetzt, auch ein taktiles Stimming angewandt. Im Kleinkind-Alter hatte ich jeweils zwei Schnuller in jeder Hand, die ich nicht in den Mund steckte, sondern einfach nur in den Händen hielt. Das war meine Sicherheit. Allerdings hat diese Art Stimming meine Bewegungsfreiheit stark eingeschränkt, denn ich hatte die Hände für nichts anderes mehr frei. Mit viel Nachdenken und dem ständigen Lernen aus Fehlern habe ich es im Laufe der Zeit bis zum mentalen Stimming geschafft, welches ausschließlich in meinem Kopf abläuft. Es schränkt weder mich ein noch stört es andere.

Ich habe auch gelernt die Vorzeichen einer sensorischen Überlastung bei mir zu erkennen und kann mein Stimming so wirklich gezielt einsetzen und dem Stresslevel anpassen. Beobachtet man Elijah, so ist deutlich sichtbar, dass auch er genau weiß, wann es für ihn kritisch wird. Er sucht dann nach Faden, Grashalm oder Fussel und „stimmt" sich wieder froh. Ist die Situation wieder entspannter, dann legt er den Faden wieder weg. Auditives Stimming ist bei Elijah immer ein Zeichen dafür, dass der Stress wohl zu hoch ist, um ihn allein mit visuellem Stimming bewältigen zu können. Ich denke auch, dass

Elijah, wie ich selbst, immer ein angepasstes Stimming verwendet. Das heißt, um taktile Reizüberflutung zu dämpfen, setze ich mir einen taktilen Reiz, den ich kenne. Genauso bei auditiver Überlastung. Um einem Gespräch besser folgen zu können, höre ich auf einem Ohr immer wieder dasselbe Lied. Ist eine Situation visuell überfordernd, dann suche ich nach Mustern in Decke oder Boden und verlasse mich auf visuelles Stimming. Der als Stimming genutzte Reiz scheint also der jeweiligen sensorischen Überlastung entsprechen zu müssen, um ein effektiver Dämpfer dieser Reize zu sein. Ich bin mir sicher, dass auch Sie Stimming machen. In meinen Seminaren entdecke ich immer wieder Zuhörer im Publikum, die an Ohr- oder Fingerringen drehen, mit Kulis spielen oder während meines Vortrages auf Schreibblöcken kritzeln. Ich sehe Menschen, die an ihren Knöpfen oder Reißverschlüssen fummeln und immer wieder die Brille auf- und absetzen, die ihre Taschen und Stifte gerade rücken oder zu Stressbällen greifen. All das ist Stimming. Diese Methoden sind allerdings sozial akzeptabel. Kontrollieren Sie sich doch einfach mal. Was machen Sie, wenn es stressig wird? Erinnern Sie sich doch mal an Prüfungssituationen. Kauen Sie dann an den Fingernägeln, um sich zu beruhigen oder drehen Sie an ihren Haaren? Auch das ist Stimming, obwohl man bei extremem Nägelkauen und Haareausreißen auch schon von autoaggressivem Verhalten sprechen muss.

Stimming darf weder selbst- noch fremdgefährdend sein. Es sollte idealerweise etwas sein, was dem Menschen effektiv in seiner Stressbewältigung hilft, aber dennoch keinen anderen Menschen stört.

Dieses Stimming würde dann auch leichter Akzeptanz in der Gesellschaft finden. Aber auch wenn Ihnen das Stimming seltsam vorkommt und bitte auch dann, wenn es Sie stört, unterbrechen Sie es nicht. Sie nehmen autistischen Menschen damit die Dämpfer weg, das heißt, dass der Aufprall um so härter und verheerender wird. Denken Sie immer daran, wie sehr die Knautschzone Ihres Autos Sie im Falle eines Unfalls schützt, und was wäre, wenn es sie nicht gäbe. Versuchen Sie störendes Stimming durch weniger störendes zu ersetzen, indem Sie dem Menschen andere Angebote machen. Bei verbalen Autisten können Sie darüber reden, was ihm gut tun würde, und Sie können herausfinden, was die Stressoren sind, um dann gemeinsam ein passendes, sozial adäquateres Stimming zu finden. Ansonsten gilt hier wirklich zu beobachten und auszuprobieren. Fragen Sie andere, die mit „Ihrem" Autisten in Kontakt kommen. Wie ist es in anderen Situationen und Umgebungen? Und geben Sie dem autistischen Menschen auch immer wieder die Rückmeldung, dass Sie verstehen, dass er sein Stimming braucht. Aber versuchen Sie auch zu erklären, warum gerade dieses Stimming für die anderen in seiner Umgebung störend ist. Als ich wusste, dass bestimmte Dinge, die ich tue, um mich zu beruhigen, meine Umgebung auch irgendwann nerven können, habe ich angefangen umzudenken. Anstatt meinen Lebensgefährten hundert Mal am Tag zu fragen, ob es ihm auch gut geht, mache ich es nun nur 5 Mal laut und ab dann leise im Kopf. Es war mir vorher einfach nicht bewusst, wie es ihm damit geht und welche Konsequenzen mein repetitives Fragen haben würde (siehe auch Kapitel 10.3. Fremdwahrnehmung). Um gerade auch diese

Fremdwahrnehmung zu schulen, ist das Hilfsmittel im nächsten Kapitel ideal geeignet.

11.2. So-muss-es-sein - Geschichten

Dieses Werkzeug dient dazu, autistischen Menschen sozial adäquates Verhalten für ganz bestimmte Situationen zu erklären und es zu festigen. Es ist besonders für die geeignet, die sich hauptsächlich visuell orientieren und durch visuelle Reize nicht überfordert werden. Mit kleinen Bildgeschichten werden alltägliche Situationen beschrieben, die nicht-autistische Menschen scheinbar ohne Anstrengung meistern, die aber für autistische Menschen oftmals verwirrend sein können. Besonders verdeckte soziale Regeln können so gut vermittelt werden. Es gibt viele Situationen, in denen ich mich aufgrund meiner anderen Wahrnehmung anders verhalte, als von meiner Umgebung erwartet. Diese Geschichten können mir dabei helfen, die Erwartungshaltung meiner Mitmenschen zu verstehen und mich in den Situationen so zu verhalten, dass es sowohl für mich als auch meine Umgebung annehmbar ist. In den meist kurz gehaltenen Geschichten, die man mit Bildern unterlegen kann, geht es darum, all das zu erklären, was unverständlich ist. Es ist aufgrund der verschriftlichten oder verbildlichten Form leichter annehmbar, da es distanzierter ist als ein persönliches Gespräch. Man kann in den Geschichten die Lieblingshelden der Kinder auftreten lassen oder eigene Charaktere erfinden. Wichtig ist, dass korrekte Informationen zu sozialem Verhalten vermittelt werden und dass die Art und Weise, auf der dies geschieht, für den autistischen Menschen annehmbar ist. Auch hier sollten die Potentiale im Vordergrund stehen und dazu genutzt werden, neue Fähigkeiten zu vermitteln. Ziel ist immer, eine

Verbesserung des Verständnisses von sozialen Handlungen zu erreichen, um autistischen Menschen den Weg in die Gesellschaft und damit die Teilhabe zu ermöglichen. Die Geschichten können individuell an den Leser angepasst werden, d.h. alters- oder entwicklungsgerecht aufbereitet werden, und sind somit für Menschen in jeder Lebensphase geeignet. Sie können von Eltern, Betreuern oder Lehrern, also von denen, die den autistischen Menschen am besten kennen, selbst verfasst und gestaltet werden. An Arbeitsmaterialien braucht es manchmal nur einen Stift und einen Zettel.

Elijah profitiert sehr von diesen Geschichten, die wir sehr kurz halten und mit Fotos unterlegen. Er hatte in der Schule große Probleme bei der Obstpause, wenn er sein Obst schon gegessen hat, andere Kinder aber noch Obst haben. Das Ergebnis war immer wieder, dass er das Obst der anderen essen wollte. Wurde er daran gehindert, dann kam es zu Kampfreaktionen, die sich bis zur Autoaggression gesteigert haben. Also habe ich ihm eine Geschichte geschrieben, die ihm erklären soll, was genau in dieser Situation passiert und was von ihm erwartet wird. In diesem Fall sind es nur wenige Fotos, die Elijah in der jeweiligen Phase der Interaktion zeigen, die mit einigen einfachen Sätzen versehen sind. Die Geschichte gibt es für jedes in der Schule gereichte Obst. Hier ein ausführliches Beispiel:

In der Schule gibt es eine Obstpause. Heute gibt es Weintrauben.
(Bild des Obstes)
Jeder bekommt einen Teller mit Obst.

Elijah bekommt einen Teller mit Obst. (Bild Elijah vor Obstteller)

Jeder isst von seinem Teller. Manche Kinder essen sehr langsam.

Elijah isst sehr schnell, denn er mag Weintrauben.

Elijah ist fertig mit seinen Weintrauben. (Bild leerer Teller)

Es kann sein, dass andere Kinder noch Weintrauben haben.

Das sind nicht Elijahs Weintrauben. (Bild essende Kinder)

Elijah nimmt den Kindern die Weintrauben nicht weg.

Elijah wartet am Tisch, bis die anderen Kinder auch fertig sind.

Oder: Elijah geht schon in den Klassenraum, Hof etc.

(Bild leerer Teller)

Diese Bildergeschichte haben wir laminiert, damit sie langlebiger ist. Nach ein paar Tagen klappte es schon viel besser mit Elijahs Verhalten in der Obstpause. Die Geschichten können während der Situation visuell präsent oder zumindest greifbar sein, aber auch im Nachhinein immer wieder mit den Kindern besprochen werden. Während des Erzählens der Geschichte ist es wichtig, dass die Kinder in einem sehr entspannten Zustand sind und auch bleiben, so dass hier auch gleich der Amygdala eine positive Rückmeldung gegeben werden kann. Die Geschichten sollen deshalb durchgängig positiv sein. Man kann auch überlegen, sie in Buchform anzulegen, um so ein kleines Nachschlagewerk entstehen zu lassen, auf welches der autistische Mensch auch eigenständig zurückgreifen kann.

Als ich im Kindergarten war, habe ich begonnen mir Situationen, in die ich täglich geriet, zu merken und habe sie im Kopf immer wieder abgespielt. Bei diesen täglich stattfindenden Kopfkinovorstellungen änderte ich nach und nach das Drehbuch des jeweiligen Films, um am Ende einen Kassenhit zu produzieren, der mir die Situation nicht nur erklärte, sondern auch Regieanweisungen enthielt, die mir letztendlich sozial adäquates Verhalten ermöglichten. Zugute kam mir, dass ich schon immer ein professioneller Klarträumer war, es also vermochte praktisch hellwach mitten im Schlaf meine eigene Erlebniswelt zu gestalten und damit in meinen Träumen Regie zu führen. Auf diese Weise nutzte und nutze ich nicht nur Zeit am Tage, sondern auch ansonsten durch Schlaf verlorene Zeit nachts, um all das zu tun, was mir im wirklichen Leben, im Alltag verwehrt blieb und oft noch immer bleibt. Man könnte sagen, ich habe mein Sozialverhalten im Schlaf gelernt. Trotz alledem hätte ich mich als Kind über ein solches Hilfsmittel, wie aufgeschriebene und bebilderte Geschichten, die mir die Welt erklärt hätten, sehr gefreut. Ich arbeite auch heute im erwachsenen Alter noch mit luziden Träumen, in denen ich dann immer und immer wieder Situationen durchspiele. Aber ich lasse mir auch vieles von anderen Menschen erklären und versuche das abzuspeichern, um es später anwenden zu können Ich kann aus meiner eigenen Erfahrung und aus der Beobachtung Elijahs sagen, dass dies Sache mit den Geschichten, egal, ob als Traum, Text oder Bild, gut funktioniert.

11.3. Spiegeln

Das Spiegeln von Verhalten ist eine ganz natürliche menschliche Eigenschaft. Es passiert oft unterbewusst und über einen längeren Zeitraum. Beobachten Sie nur mal ältere Ehepaare in Ihrem Familien- oder Bekanntenkreis. Was fällt Ihnen auf? Menschen, die über lange Jahre zusammen leben, werden sich immer ähnlicher. Dieses Phänomen ist leicht damit zu erklären, dass Menschen immer versuchen sich an ihr Umfeld und auch ihre Mitmenschen anzupassen. Sie beginnen die Körpersprache, also Mimik und Gestik des Anderen zu spiegeln. So kann man, ohne ein Gespräch zwischen zwei Menschen zu hören, auch aus der Ferne erkennen, ob sie sich einig sind oder gar streiten. Sie erinnern sich, dass 70% der Kommunikation auf Mimik und Gestik entfallen. Zu spiegeln und das Spiegeln deuten zu können, ist also sehr wichtig. Es liefert Informationen, die uns sonst verloren gehen würden.

Wenn in einem Restaurant ein Gast etwas bestellt und sein Gefährte bestellt sich das Gleiche, dann wissen wir sofort, dass entweder der Erste eine wichtige Person ist oder dass der Zweite das Restaurant und die Speisen vielleicht noch nicht kennt. Bei nicht-autistischen Menschen läuft dies als weiteres eingebautes Programm ab. Aber auch autistische Menschen können dies als Hilfsmittel nutzen, um ihr Verhalten in sozialen Situationen zu verbessern und anzupassen. Es ist auch eine einfache, jedoch effektive Art, einem autistischen Menschen das Gefühl der Fremdwahrnehmung oder besser ein Wissen darum zu vermitteln, wie andere Menschen sie sehen. Ich empfinde es als eine sehr wirksame Methode, die aber langsam angebahnt werden sollte. Das eigene Verhalten gespiegelt bekommen, kann Selbstwahrnehmung hochfahren und Selbstkonfrontation auslösen. Auch hier sollten die positiven Eigenschaften des autistischen Menschen immer im Vordergrund stehen und auf ihnen aufgebaut werden. Das eigene Verhalten kennenzulernen, meine Körpersprache zu erleben, eben wie ich aussehe, wenn ich mit Menschen spreche oder wenn ich nur zuhöre, ist wie in einen Spiegel zu sehen und setzt voraus, dass ich mich in diesem erkenne.

Bei Elijah ist Spiegeln deshalb mit äußerster Vorsicht einzusetzen, da er sich noch nicht im Spiegel erkennt und es deshalb wahrscheinlich nicht schafft, mein ihm gezeigtes Verhalten als das eigene, gespiegelte zu erkennen. Dennoch arbeiten wir mit einem Tablet, welches eine zweiseitige Foto-Funktion hat, wo er sehen kann, wie er aussieht, also wie ihn die anderen sehen. Er ist zumindest sehr interessiert an solchen Übungen. Das Spiegeln hat meiner Meinung nach ein weiteres großes Potenzial für autistische Menschen, denn richtiges Spiegeln führt dazu, dass es anderen Menschen mit mir gut geht. Das möchte ich gern erreichen. Das genau meine ich damit, wenn ich sage, dass ich anderen Menschen genau das zeige, was sie sehen wollen und müssen, um mir einen Platz in ihrer Mitte zu gewähren. Also gilt es die hohe Kunst des Spiegelns zu studieren und zu erlernen. Denn Spiegeln ist nicht gleich Nachäffen und ist nicht Kopieren! Mein Spiegeln dient auch nicht der Manipulation, ist keine Lüge, sondern mein Versuch, trotz meiner anderen Wahrnehmung die Menschen zu weiteren Begegnungen und der Auseinandersetzung mit mir zu ermuntern. Wenn ich mit Menschen spreche, dann achte ich auf deren Körpersprache, Mimik und Gestik und ihr Verhalten. Auch ihre Sprache und Sprechweise nehme ich bewusst auf. Spiegele ich ihnen dies alles, dann führt das dazu, dass sie sich in in meiner Gegenwart wohler fühlen. Das bedeutet, dass ich meine Beziehung zu Menschen und den Umgang mit ihnen mithilfe des Spiegelns deutlich verbessern kann. Das ist mein Ziel. Ich möchte dazu gehören.

11.4. Strukturen und Regeln

Strukturen und Regeln sind das Sicherheitsnetz jeder Gemeinschaft, so auch unserer Gesellschaft. Ohne sie würde ein harmonisches Zusammenleben nicht möglich sein. Sie zeigen uns Grenzen auf, geben Richtungen vor und helfen uns, uns innerhalb der Gemeinschaft so verhalten zu können, wie es notwendig ist. Strukturen sind für viele autistische Menschen sehr wichtig, da sie sich an ihnen orientieren können. Das Wissen, was als nächstes kommt, gibt uns allen Sicherheit und reduziert Stress, der in vielen sozialen Situationen auch bei nicht-autistischen Menschen entsteht. Auch Regeln sind handfeste Hilfsmittel, wenn sie verstanden werden und dann auch akzeptiert werden können. Man kann tagtäglich beobachten, wie Menschen ganz einfache und klar verständliche Regeln unserer Gesellschaft brechen, Abfall auf den Boden werfen oder gar den Hausmüll in den Wald schaffen, um nur zwei Beispiele zu nennen. Sie werden sich vielleicht auch selbst schon bei kleineren Regelbrüchen ertappt haben. Wir bräuchten keine Gefängnisse oder die Polizei, wenn wir uns alle an die Regeln halten würden. Das heißt, selbst Strafandrohungen halten manche Menschen nicht davon ab, die Gesetze zu brechen. Das ist der traurige Ist-Zustand unserer Gesellschaft.

Dennoch, ohne Regeln und vorgegebene Strukturen wäre es noch viel schlimmer. Für autistische Menschen ist es enorm wichtig, dass die aufgestellten Regeln eingehalten werden. Sie bestehen oft vehement darauf. Auch dann, wenn eine Regeländerung unumgänglich ist. Ist an einem Dienstag ein Zoo-Besuch geplant, dann ist das eine Regel. Muss dieser Besuch, aus welchen Gründen auch immer (schlechtes Wetter, Krankheit etc.), abgesagt werden, dann ist das für viele autistische Menschen schwer zu akzeptieren, denn es stellt einen klaren Regelbruch dar. Die Umstände, die dazu geführt haben, sind erst einmal unwichtig. Dieses starre oder wenig flexible Verhalten führte bei mir schon in der frühesten Kindheit oft zu großen Problemen. Ich habe viele Situationen erlebt, in denen ich etwas als eine Regel, ein Gesetz wahrgenommen habe und mich dann strikt daran gehalten habe, ohne Rücksicht auf Verluste. Als mein Großvater eines schönen Tages mit mir das Fahrradfahren übte, klappte alles schon ganz gut. Nur bremsen und sicher absteigen konnte ich noch nicht. Also sagte er, fahr eine Runde ums Haus, brems nicht und halt auf keinen Fall an. Klare Ansage: fahren, egal was kommt. Das war für mich die Regel, die es einzuhalten galt. An diesem Tag jedoch machte sich ein Mädchen aus unserem Wohnblock einen Spaß daraus, mich zu beobachten. Sie amüsierte sich über meine Versuche mit dem Rad anzuhalten, ohne dabei jedes Mal der Länge lang hinzufallen. Natürlich tat sie das außer Sichtweite meines Großvaters, nämlich hinter dem Haus. Als ich ein weiteres Mal um die Hausecke fuhr, sah ich sie der Quere über dem Weg, meinem Weg, liegen. Ahnen Sie schon, was als Nächstes passierte? Richtig, gemäß der Regel, hielt ich nicht an und bremste auch nicht, sondern fuhr über sie drüber. Das war keine einfache Übung, denn sie war sehr holprig und erforderte eine gute Lenkerkontrolle. Aber ich schaffte es. Das dies kein böser Wille war und ich ihr nicht weh tun wollte, konnten ihre Eltern natürlich nicht so recht glauben, aber so war es. Ich habe mich nur an die Regel gehalten. Heute weiß ich, dass man in manchen Fällen auch von der Regel abweichen kann und es manchmal sogar muss. Zu meiner Verteidigung möchte ich hinzufügen, dass es auch nicht sozial adäquat war und ist, sich quer über den Weg als Hindernis zu positionieren. Besonders deshalb nicht, weil sie wusste, dass ich nicht bremsen oder anhalten konnte, ohne mir dabei weh zu tun.

Im Nachhinein fallen mir jede Menge solcher Situationen ein, in denen ich mich zu starr an eine Regel gehalten habe oder auch extrem auf einen Regelbruch anderer reagiert habe, den diese gar nicht als solchen wahrgenommen haben. Die Missverständnisse und Verwirrungen waren jedes Mal groß und ich am Ende immer der Verlierer. Es ist ein schlimmes Gefühl, nicht verstanden zu werden. Andererseits muss ich sagen, dass auch ich Regeln breche. Rechtschreibung als Beispiel. Bei anderen Menschen regen mich Rechtschreibfehler enorm auf, aber ich selber gehe ziemlich locker mit der Orthographie um. Es stört mich nicht, Fehler in meinen Texten zu sehen. Würden Sie meinen Schreibtisch sehen, so wären Sie vielleicht enttäuscht. Auf den ersten Blick keine Struktur erkennbar, sondern eher Chaos. Aber so ist es im Leben, was für den einen Chaos ist, ist für den anderen Ordnung. Meine Wahrnehmung von Regeln und Struktur unterscheidet sich deutlich von der Wahrnehmung anderer. Regeln und Strukturen sollten deshalb gemeinsam mit autistischen Menschen erarbeitet werden. Es muss sichergestellt werden, dass die Regeln verstanden werden. Das bedeutet auch, zu erklären, dass sich Dinge ändern können und ein anderes Verhalten notwendig wird. Regeln und Strukturen können wunderbar mit Geschichten oder Bildern erklärt und visuell greifbar gemacht werden. So kann man immer wieder damit arbeiten und auch in der Situation darauf verweisen.

Bei Elijah funktioniert das ganz gut, besonders auch, weil er in solchen Situationen vieles Reden nicht mehr verkraften kann, Bilder aber schon. Obwohl es bei Elijah manchmal Monate, wenn nicht Jahre gedauert hat, bis er eine Struktur annehmen konnte, kommt es auch vor, dass etwas innerhalb von Minuten zur Regel und damit immer wieder von ihm eingefordert wird. Besonders mit Essen erleben wir solche Situationen. Ich habe ihm eines Abends Gummibärchen gegeben, die ihm jemand geschenkt hat. Am nächsten Abend fordert er sie ein und es entstand ein Riesenstress, als er keine bekam. Also sind wir sehr vorsichtig mit Schokoladenweihnachtsmännern oder -osterhasen. Wo andere Kinder genau wissen, dass dies Ausnahmen der Regel sind, scheint Elijah es sofort als neue Struktur anzunehmen. Andererseits werden bestimmte Regeln, wie beim Essen am Tisch sitzen, immer wieder von ihm gebrochen bzw. abgeändert. Er hat wohl seine eigenen Vorstellungen davon, welche Strukturen für ihn nützlich und welche eher hinderlich sind. Leider kann er nicht mitteilen, warum das so ist und was wir anders machen könnten, um ihm die notwendige Sicherheit über Strukturen und Regeln zu vermitteln. Wir schauen genau, was für ihn machbar ist und versuchen zu ergründen, warum manche Regel einfach nicht greift. Wir setzen bestimmte Regeln durch, weil auch bei einem autistischen Kind Erziehung notwendig ist.

Es werden keine Sachen geworfen, weil dabei entweder diese oder ein anderer Mensch zu Schaden kommen kann. Jetzt wirft er vielleicht noch ein Spielzeugauto, später dann aber den Fernseher. So etwas muss klar und deutlich immer wieder verbalisiert und spezifisch für Elijah visuell dargestellt werden. Die Erfolge sind zwar klein, aber sie sind da.

11.5. Stopp – Amygdala umtrainieren

Sie haben die Amygdala inzwischen schon gut kennengelernt und wissen, dass diese eine hochsensible Alarmanlage ist, die uns vor Gefahren warnt und vor Schaden bewahrt. Ohne sie wäre ein Überleben nicht möglich. Bei vielen autistischen Menschen wird diese schützende Alarmanlage allerdings zu einem Gefängnis, in dem es nur Angst und Gefahren gibt. Die Amygdala reagiert über, sie bewertet ungefährliche Reize als gefährlich und löst dann entsprechende Reaktionen aus. Flucht, Kampf und Erstarren sind die drei Möglichkeiten, die wir haben, um auf eine Gefahrensituation zu reagieren. Keine davon ist adäquat als Reaktion auf eine Ansprache oder Begrüßung, wenn wie bei Elijah neulich in der Schule passiert, die Turnhallentür noch verschlossen ist und er warten muss.

Auch nicht-autistische Menschen erleben Situationen, in denen die Amygdala falsch interpretiert und Ängste auslöst. Angst ist eine normale Reaktion und auch notwendig, aber nur dann, wenn sie als Reaktion auf eine wirkliche Bedrohung erfolgt und in ihrer Intensität und Dauer angemessen ist. Ist sie dies nicht, dann kann sie zu einer erheblichen Beeinträchtigung unserer Lebensqualität führen. Als Beispiel wären Phobien zu nennen, die viele von Ihnen bestimmt gut kennen. Flugangst und die Angst vor Spinnen seien hier vor allen anderen genannt. In unseren Breiten muss man im Alltag keine Angst vor Spinnen und anderen Krabbeltierchen haben. Doch es gibt Menschen, bei denen löst schon das Bild eines Spinne oder auch der

Gedanke an eine solche eine der drei Amygdala-Reaktionen aus. Im Kapitel 2.4. (Amygdala – ungefährlicher Reiz) habe ich schon kurz meine Tochter und ihr „Spinnen-Problem“ erwähnt. In solchen Situationen, wenn der visuelle Reiz „Spinne“ reinkommt, reagiert ihre Amygdala einfach falsch. Eine Spinne stellt keine Gefahr für sie da. Während mein Kind versucht sich durch Flucht in Sicherheit zu bringen, kann ich die Spinne gelassen und interessiert betrachten, sie auf meine Hand krabbeln lassen und nach draußen bringen. Ich wette, einigen von Ihnen geht es beim Lesen dieser Zeilen eher wie meiner Tochter und das obwohl gar keine Spinne zu sehen ist. In diesem Fall braucht die Amygdala den Reiz von außen, also das Sehen einer Spinne gar nicht mehr. Allein der Gedanke daran reicht aus, um das Signal Gefahr zu geben und die entsprechende Reaktion auszulösen. Der Reiz hat sich verinnerlicht, weil die Amygdala immer wieder in ihrer Reaktion auf Spinnen verstärkt wurde. Jedes Mal, wenn Sie oder meine Tochter kreischend aus dem Raum laufen, auf einen Stuhl springen oder gar das Spinnentier erschlagen, geben Sie ihrer Amygdala die Rückmeldung: Ja, Spinnen sind total gefährlich. Das merkt sich die Amygdala, die eine äußerst gute Schülerin ist. Das nächste Mal reagiert sie dann noch eher und intensiver und irgendwann reicht dann das Bild bzw. nur der Gedanke an eine Spinne aus und der erlernte Mechanismus setzt sich in Gang.

Bei Elijah und mir sind es keine Spinnen, sondern ganz viele Dinge, die unweigerlich in der Begegnung mit anderen Menschen entstehen, wie zum Beispiel Begrüßungen, Blickkontakt und Berührungen oder jegliche Struktur- und Planänderungen, die uns zur Flucht, Kampfreaktion oder zum Erstarren zwingen. An dieser Stelle sei noch einmal gesagt, dass unsere, wenn auch unerwarteten und für Außenstehende unverständlichen Reaktionen keine falschen Reaktionen sind. Im Gegenteil, wir reagieren absolut korrekt auf unsere Wahrnehmung. Wie auch bei der Angst vor Spinnen helfen hier deshalb auch keine Kommentare wie „Ist doch weiter nichts dabei" oder „Nun stell dich nicht so an", die autistische Menschen leider jeden Tag hören müssen. Außerdem wird dann oftmals noch versucht, sie zu den für sie als gefährlich wahrgenommenen Handlungen zu zwingen, was bei der Amygdala dann die höchste Alarmstufe auslöst. Sie wird dann durch die verständliche Gegenwehr des autistischen Menschen nochmals intensiv verstärkt. Ich versuche seit Jahren meine Amygdala zu beruhigen und die Kreisläufe zu unterbrechen, in denen sie ungefährliche Reize als für mich gefährlich bewertet. Auf einigen Gebieten habe ich schon große Fortschritte gemacht, anderswo gibt es noch viel zu tun. Man könnte sagen, ich versuche mir bzw. meiner Amygdala diese unbegründete Angst auszureden, versuche aktiv in die Bewertung der Reize einzugreifen und sie zu ändern. Ich weiß, vor was ich keine Angst haben muss, das heißt, ich kann (meist aber erst im Nachhinein) die Fehlbewertung durch die Amygdala erkennen und versuche diese zu verändern und der Amygdala die korrekte Rückmeldung auf den Reiz zu geben, damit sie nicht weiter in ihrem Verhalten verstärkt wird. Denn das führt zu mehr Angst und letztendlich zu einem Vermeidungsverhalten, welches mich immer weiter an den Rand der Gemeinschaft drücken würde.

Es ist sehr schwierig in einer solchen angstauslösenden Stresssituation selbst auf die Amygdala einzuwirken, aber es ist nicht unmöglich. Da dass Unterbewusstsein nicht zwischen Realität und Bild unterscheiden kann, kann ich auch im Nachgang noch auf meine Amygdala einwirken, in dem ich Erlebtes noch einmal im Kopf durchgehe, aber dann anders auf den Reiz reagiere. Am besten in einer relaxten Situation und bekannten Umgebung. Dazu nutze ich bei Elijah die Bildgeschichten und bei mir selbst meine Fähigkeit zum Klarträumen. Anhand der Bildkarten kann ich mit Elijah Abläufe immer wieder durchgehen und ihnen den Ausgang geben, der von der Umgebung gewünscht wird und sozial adäquatem Verhalten entspricht. Erinnern Sie sich an die Bildgeschichte aus Kapitel 11.2., die Elijah geholfen hat die Obstpause in der Schule besser zu meistern. Immer und immer wieder haben wir darüber gesprochen und uns die Bilder angeschaut, immer wieder hat die Geschichte positiv geendet. Die Amygdala konnte so lernen, dass es nicht gefährlich ist, wenn Elijahs Obstteller leer gegessen ist. Es ist auch nicht gefährlich, wenn die Turnhallentür noch verschlossen ist. Kein Problem. Um Elijah dies sofort visuell deutlich zu machen, verwenden wir ein Stopp-Schild, ja, das richtige Verkehrsschild, allerdings kleiner und auch wieder laminiert. Auf der Rückseite befindet sich ein lachendes Gesicht, um ihn sofort positiv zu verstärken, wenn er es geschafft hat, die Amygdala-Reaktion zu unterbrechen. Natürlich können es auch andere Bilder oder Belohnungen sein. An den Türen in der Schule befinden sich auch solche Stopp-Schilder, die ihn sofort daran erinnern sollen, dass es keinen Grund zu einer Fluchtreaktion gibt. Er schafft es immer öfter sich dann wieder den Ereignissen in seiner Klasse zuzuwenden. Kommt es jedoch zu einer wirklichen Flucht aus dem Raum, so wird ihm diese auch gewährt, da er dann offensichtlich kein Umtrainieren in der Situation schafft, sondern räumlichen und zeitlichen Abstand zum Geschehen braucht. Auszeiträume sind eine Grundvoraussetzung dafür, dass das Miteinander mit autistischen Menschen möglich ist. Zu Hause ist es sein Kinderzimmer oder auch ein Teil des Gartens, den Elijah zu seinem Areal erklärt hat. Sind wir unterwegs, dann sucht er sich auch an fremden Orten sofort solche Rückzugsmöglichkeiten.

In Situationen, in denen Elijah sehr schnell hochfährt, versuchen wir außerdem paradoxe Intervention anzuwenden. Bei ihm funktioniert dies am besten mit auditiven Reizen wie bestimmten Worten, die er lustig findet, oder Sätzen von Lieblingshelden, aber auch ein plötzlicher Pfeifton kann ihn wieder bewusst werden lassen. Bei mir wirkt Wunder, wenn man etwas Inkorrektes über eines meiner Lieblingsthemen sagt oder mich etwas dazu fragt. Ich kann dann vielleicht nicht sofort antworten, aber der Schalter ist wieder umgelegt und die Amygdala bekommt so zwar keine positive Rückmeldung, aber eine neutrale. Das heißt, wenn ich in einer Stresssituation nicht auf sie „höre" und einer der drei Reaktionen folge, dann „denkt" sie sich, dass es dann ja wohl nicht so schlimm sein kann. Sie wird zwar weder verstärkt noch umtrainiert, aber sie merkt sich, dass ich nicht reagiert habe. Ich nenne dies mein Phönix-Programm und habe im zarten Kindergarten-Alter damit begonnen, um meine ständige Angst vor sozialen Situationen in den Griff zu bekommen. Am Anfang hat mich nur der Gedanke gehalten, dass etwas endet. Auch als ich mich mit dem Zweck meiner Angst näher beschäftigte, konnte ich sie besser verstehen. Ich begriff sie als Selbst-Schutz und begann mir als Kompensation ein Patchwork-Ich zu basteln, dass von nun an diesen Selbst-Schutz übernehmen sollte. Es gibt Tage, an denen dies schon (über einen gewissen Zeitraum) hervorragend klappt, das sind die Phönix-Tage. Aber es gibt auch Zeiten, wo nichts läuft und mir bewusst wird, dass noch ganz schön viel Arbeit noch vor mir liegt und immer vor mir liegen wird. Das sind Aschetage. Aber das Wissen, dass aus dieser Asche immer wieder ein Phönix steigen wird, besiegt alle Zweifel, lässt mich durchhalten und auch immer wieder nach neuen Kompensationsstrategien suchen, die es mir ermöglichen, dazuzugehören. Ihnen möchte ich diese Suche mit dem nächsten Kapitel etwas erleichtern.

11.6. Das ABC der Strategien und Hilfsmittel

A wie Anker, Buddies & Co

Anker sind wichtige Vertrauenspersonen, die allerdings nicht zu unersetzbaren Menschen werden dürfen. Die besten Anker sind die Eltern bzw. Familienmitglieder. Aber auch hier ist zu bedenken, dass Geschwister irgendwann eigene Weg gehen und Großeltern nicht ewig da sein können. Als Anker können auch Objekte dienen. Bilder von Ankern können in neuen Situationen und fremden Umgebungen helfen, Sicherheit zu finden. Elijah hat in der Schule ganz viele Fotos von uns und seinen Lieblingsgegenständen, auf die er jederzeit Zugriff hat. Ein sogenanntes **Buddy**-System in Kindergarten, Schule, aber auch an Uni oder Arbeitsplatz ist eine weitere gute Idee, um das Zurechtfinden außerhalb der häuslichen Umgebung zu erleichtern und Stresssituationen effektiv vorzubeugen. Der Buddy (engl. Freund) ist der Ansprechpartner, der seinerseits auch vom Anderssein seines Freundes weiß. Buddy-Systeme haben sich mittlerweile nicht nur bei autistischen Menschen als sehr hilfreich erwiesen, sondern können überall helfen, wo ein Mensch neu hinzukommt oder einfach mehr Hilfe benötigt.

B wie Beobachten und verstehen

Ich habe enorm viel durch Beobachten von nicht-autistischen Menschen gelernt und tue es immer noch. Im Umkehrschluss funktioniert das auch für nicht-autistische Menschen. Schauen Sie hin, beobachten Sie, aber versuchen Sie nicht sofort zu interpretieren. Sie erinnern sich, dass dieses „Sich-in-den-anderen-Hineinversetzen" bei autistischen Menschen nicht wirklich funktioniert. Fragen Sie bitte nach, wenn Sie etwas nicht verstehen. Über Bildkarten und Zeigen können Sie auch mit nonverbalen autistischen Menschen Kommunikation anbahnen und so ins Gespräch zu kommen. Zeigen Sie Verständnis, auch wenn Sie nicht gleich verstehen, warum ein Autist bestimmte Dinge tut.

C wie clevere Comics und So-muss-es-sein-Geschichten

Gesprochene Sprache ist flüchtig, verbale Erklärungen schnell sind wieder weg. Arbeiten Sie mit den in Kapitel 11.2. besprochenen So-muss-es-sein-Geschichten. Entwickeln Sie Bildgeschichten oder Comics mit den Helden der autistischen Menschen, um ihnen so bestimmte Situationen zu erklären, sie auf Dinge vorzubereiten oder immer wieder an Abläufe zu erinnern.

D wie Dampf ablassen – Boxsack, Trampolin & Co.

Dampf ablassen auf körperlicher Ebene hilft auch Ihnen. Also rauf aufs Trampolin. Beim Hüpfen werden beide Hirnhälften aktiviert, was die Beziehungs- und Kommunikationsfähigkeit verbessert, außerdem werden Endorphine, also die Glückshormone, freigesetzt. So wirkt es entspannend und erfrischend. Am Boxsack kann angestauter Frust und auch Wut sicher abgelassen werden. Dies kann später auch mental erfolgen. Auch Teppiche schneiden, Papier zerreißen, Schlagzeug spielen und Pappkartons kurz und klein treten können einen solchen ableitenden Effekt haben.

E wie Eltern & Familie – einbeziehen

Aufklärung und Erklärung beginnt im unmittelbaren Umfeld. Erwarten Sie nicht, dass Menschen, die bisher noch nicht aktiv mit Autismus in Berührung gekommen sind, sich mit der Thematik auskennen. Klären Sie Familie und Freunde über ihr Kind und seinen Autismus auf. Machen Sie es persönlich, denn jeder Autist ist anders. Für Geschwister oder Freunde gibt es mittlerweile auch kindgerechte Literatur. Schauen Sie im Internet, was zu Ihnen und Ihrer Situation passt. Sie können natürlich auch eigene Geschichten schreiben. Ich selbst habe mal eine „Gebrauchsanweisung" für Elijah geschrieben, um Bekannten ein paar Grundregeln im Umgang mit ihm zu vermitteln und sein Verhalten kurz, aber verständlich zu erklären. Beziehen Sie Geschwister und Großeltern, Onkel und Tanten, soweit möglich und vorhanden, in Therapien und Aktivitäten ein. Wir fühlen uns in der Öffentlichkeit in einem uns vertrauten Rudel wohler und geschützter. Seien Sie geduldig, vor allem mit Oma und Opa, die hier vielleicht komplettes Neuland betreten. Versuchen Sie die Gemeinsamkeiten zu sehen und nicht die

Unterschiede. Verweisen Sie auf Potenziale, nicht auf Defizite. Autistische Menschen sind vielleicht nicht leicht zu erreichen, aber sie sind es immer wert. Suchen Sie sich professionelle Hilfe bei der Aufklärung. Auch Erfahrungsberichte von autistischen Menschen, den Experten in eigener Sache, können hilfreich sein.

F wie Freundschaften

Auch viele autistische Menschen wünschen sich Freundschaften mit anderen Menschen. Aber manchmal kann der beste Freund des Menschen auch ein Tier sein, vielleicht ein Hund oder auch ein Meerschweinchen. Über Tiere kann man zudem wunderbar Kontakt zu anderen Menschen herstellen. Auch Sportgruppen eignen sich, um Freunde zu finden, da man so schon eine Gemeinsamkeit hat. Ich habe es sehr genossen, als Kind im Tennisverein gewesen zu sein. Es hatte zumindest den Ansatz von Freundschaft und Interaktion. Auch Freundschaften in sozialen Netzwerken können durchaus sehr bereichernd und für autistische Menschen auch völlig ausreichend sein. Schauen Sie, wo die Interessen Ihres Kindes liegen und wo es Kinder gibt, die diese Interessen teilen. Aber bitte erzwingen Sie nichts. Freunde finden sich oder sie tun es eben nicht.

G Gesetze - Grundregeln benennen, erklären, einhalten

Regeln und Gesetze sind das Sicherheitsnetz des sozialen Miteinanders, deshalb gilt es sie zu kennen und einzuhalten. Machen Sie klare Ansagen und prüfen Sie, ob diese auch wirklich verstanden worden sind. Bestehen Sie auf die Einhaltung der Grundregeln und erklären Sie immer wieder, warum Sie das tun. Nutzen Sie gegebenenfalls Bildkarten oder Comics und Geschichten, um dem autistischen Menschen das Verständnis zu erleichtern. Stellen Sie ein Grundgesetz oder Manifest auf, welches zusammen erarbeitet und gestaltet wird. Wundern Sie sich nicht, dass autistische Menschen, die darauf bestehen, dass Regeln eingehalten werden, diese selber aber oft brechen oder verändern. Auch hier gilt es wieder zu erklären und Verständnis zu vermitteln.

H wie heimliche Zeichen – wenn Sprache nicht mehr funktioniert

Auch sprechende Autisten erleben in Stresssituationen häufig einen nicht gewollten Mutismus, aus dem sie sich nur schwer und langsam befreien können. Die Angst, dass einem das in der Öffentlichkeit passiert, sitzt oft tief und lässt schon im Vorfeld genug Stress entstehen, um eine solche Situation zu begünstigen. Hilfreich sind hier nonverbale Gesten, die Familienmitgliedern oder Betreuerin deutlich anzeigen, dass verbal vorerst nichts mehr geht. Das können Handzeichen sein, aber auch Bildkarten oder eine SMS aufs Handy. Finden Sie heraus, was am besten funktioniert.

I Imitieren – zeigen und unterstützen

Alle Menschen lernen durch Imitation. Um sich sympathisch zu sein, imitieren Menschen sich (siehe auch Kapitel Spiegeln 11.3.). Spiegelt man das Verhalten, die Mimik und Gestik des Gegenübers, dann fühlt sich dieser wohler mit uns. Spiegelt ein anderer unser Verhalten, dann können wir eine Menge über uns selbst und wie andere uns sehen lernen. Was bei nicht-autistischen Menschen scheinbar einfach so abläuft, müssen sich Autisten hart erarbeiten. Aber es lohnt sich. Autistischen Menschen fehlt oft die Fremdwahrnehmung. Spiegeln und Imitieren sind gute Ansätze, um dieses fehlende Wissen auszugleichen. Durch das Spiegeln kann man es als Autist schaffen, besser auf andere Menschen zugehen zu können, ihnen besser begegnen zu können.

J wie Ja zu Autismus – positives Denken und Handeln

Autismus positiv sehen. Die Potenziale sehen und nutzen und bei den Defiziten, die vorhanden sind, effektiv helfen. Autismus ist weder eine Krankheit noch hoffnungslos. Es ist ein durch eine andere Wahrnehmung bedingtes Anderssein. Leben mit Autismus und auch mit autistischen Menschen stellt andere Herausforderungen an uns und unsere Mitmenschen, aber es ist machbar. Was autistische Menschen dringend brauchen, sind Toleranz, Verständnis und Akzeptanz. Dann lässt es sich auch mit Autismus ziemlich gut leben. Wir müssen lernen, die Hilfen geben, die benötigt werden, so viel stützen, damit ein Vorwärtsgehen möglich ist und vor allem mit dem Herzen sehen.

Suchen Sie nicht ständig nach den Unterschieden, sondern finden Sie Gemeinsamkeiten. Sie mögen versteckt sein, aber sie sind da.

K wie kleine Klassen & Gruppen

Besonders in Kindergärten und Schulen, aber auch an Arbeitsplätzen gilt für autistische Menschen oft, weniger ist mehr. Kleinere Gruppen und Klassen reduzieren automatisch die Stressoren und wirken der sensorischen Überlastung entgegen. Es ist viel einfacher den Überblick über eine kleine Gruppe zu behalten und zu wissen, wer ist wer und wie ist er. Ich spreche hier unter anderem von Klassenstärken von maximal 5 Kindern. Kommen dazu noch Schulbegleiter und Assistenzpersonal, dann sollte nochmal verringert werden. Übrigens würden viele Kinder von geringeren Klassenstärken profitieren. Also tun Sie sich mit anderen Eltern zusammen und kämpfen Sie für ein besseres Schulsystem mit gelebter Inklusion. Wenn es gar nicht geht, dann gibt es auch in Deutschland eine Beschulung von zu Hause aus. Es gibt eine Online-Schule, deren Kosten auch das Amt trägt, wenn nachgewiesen wird, dass ein klassischer Schulbesuch nicht möglich ist. Ihr Kind hat neben der Schulpflicht nämlich auch ein Recht auf Bildung.

L wie Leerlauf verhindern

Leerlauf bedeutet Strukturverlust und damit fällt für viele Autisten das Sicherheitsnetz komplett weg. Deshalb strukturieren Sie solche „Freizeiten“. Planen Sie die Pausen durch und gehen

Sie sicher, dass alle, die involviert sind, auch Bescheid wissen. In der Schule kann hier das oben erwähnte Buddy-System greifen. Kleine faltbare Pläne oder Abläufe können daran erinnern, was als Nächstes kommt. Strukturierungshilfen wie Uhren, die die verbleibende Zeit anzeigen, geben ein Gefühl dafür, wie lange welche Aktivität noch andauert. Schauen Sie voraus, finden Sie mögliche Leerlaufsituationen und füllen Sie sie aus.

M wie Motivieren & Mut machen

Fokussieren Sie immer wieder auf die Potenziale. Heben Sie hervor, was richtig gut klappt. Aber Vorsicht! Manch ein Autist kann mit direktem Lob nicht gut umgehen. Machen Sie Mut und ermuntern Sie immer wieder zum Weitermachen. Erzählen Sie von sich und wie Sie versuchen schwierige Situationen zu meistern. Ohne Fremdwahrnehmung fehlt autistischen Menschen die Vorstellung davon, dass es einem anderen genau so oder ähnlich gehen könnte.

N wie Notfallinseln – Auszeiträume und -pläne

Irgendwann wird es jedem von uns einmal zu viel. Dann braucht es einen sicheren Ort, an dem man sich regulieren und erholen kann. Ein Ort, der vorher bekannt sein sollte und vielleicht gemeinsam mit dem autistischen Menschen gestaltet wurde. Außerdem muss gewährleistet sein, dass alle Beteiligten von diesem Ort und seiner Bedeutung wissen und der Zugang auch immer gewährleistet ist. Wichtig ist, dass es einen Plan gibt, wie der autistische Mensch sich dort hinbegibt, d.h., ob er das auch allein schafft. Erkennt er die Anzeichen des sensorischen Overloads allein und rechtzeitig? Kann er dann die Stresssituation allein verlassen und den sicheren Auszeit-Ort aufsuchen? Wie reguliert er sich dort, um dann wieder in die Schulsituation o.ä. zurückkehren zu können. Das Ziel soll immer wieder die Teilhabe sein, also braucht es einer Bewältigungsstrategie wie zum Beispiel Stimming, die So-muss-es-sein-Geschichten oder das Amygdala-Umtrainieren. Kann der autistische Mensch dies allein anwenden oder braucht er dazu Hilfe?

O wie Organisation, Pläne, Strukturen, Pausengestaltung

Als Eltern oder Betreuer autistischer Menschen sind Sie bestimmt schon lange Organisationstalente. Sie kennen sich mit Plänen und Strukturen aus und wissen, was und wie es Ihr Kind braucht. Bleiben Sie dran und perfektionieren Sie. Tauschen Sie sich auch mit anderen aus, um neuen Input zu bekommen, denn auch hier besteht oft die Gefahr der Betriebsblindheit. Trotz alledem, versuchen Sie hin und wieder auch mal eine Änderung der Struktur oder eines Planes. Das Leben ist nicht so planbar, wie es autistischen Menschen gut bekommen würde. Das einzig Stetige ist immer der Wandel. Also immer wieder auch an der Flexibilität arbeiten, denn der ist am erfolgreichsten, der am flexibelsten ist.

P wie Phönixprogramm – Stopp Amygdala

Bitte nehmen Sie es ernsthaft mit der Amygdala auf. Sie hat das ungeheure Potenzial umzulernen. Nutzen Sie dies aus. Ich habe so den Weg ins Leben gefunden und Elijah findet ihn auch. Ausführlicheres gibt es im Kapitel 11.5.

Q wie Querdenken – alles ausprobieren, egal wie verrückt

Gründen Sie Think Tanks, denken Sie in, außerhalb und unter der Box. Seien sie kreativ, probieren Sie aus, verwerfen Sie Unbrauchbares und beginnen Sie neu. Tun Sie alles, aber geben Sie nie auf.

R Reden, reden nochmals reden – alles verbalisieren, alles erklären

Reden Sie, erklären Sie, wiederholen Sie und dann alles nochmal von vorn. Gehen Sie nicht davon aus, dass autistische Menschen wie andere Menschen vermuten können, zwischen den Zeilen lesen oder die ungesagten Worte verstehen. Gehen Sie immer auf Nummer sicher. Verbalisieren Sie einfach alles. Verlassen Sie sich auch bitte nicht darauf, dass autistische Menschen fragen oder nachfragen. Erklären Sie auch die Dinge, die Ihnen sonnenklar sind und die eigentlich keiner Erklärung bedürften. Erklären Sie uns die Welt.

S wie Stimming

Stimming...sensorische Überlastung vermeiden, regulieren, um in der Situation verbleiben zu können (siehe auch Kapitel 5). Klären

Sie Ihre Umgebung auf, erklären Sie den Sinn des Stimmings und bitten Sie um Verständnis. Suchen Sie gemeinsam mit dem autistischen Menschen nach einem Stimming, das sozial akzeptabel und flexibel einsetzbar ist.

T wie Token-System, Verhalten belohnen

Ein Token-System ist ein Belohnungssystem, welches in der Verhaltenstherapie eingesetzt wird, um positives Verhalten zu verstärken. Ziel ist es durch den Einsatz begehrter Sachen (Token) ein bestimmtes, erwünschtes Verhalten aufzubauen. Es können ganz unterschiedliche Sachen sein, die als Belohnung funktionieren. Sie müssen nur eine wichtige Funktion erfüllen, nämlich von dem autistischen Menschen gewünscht und begehrt werden. Bleiben Sie immer flexibel, denn manche Dinge nutzen sich auch ab. Token können auch gesammelt werden und dann gegen eine Wunsch-Aktivität eingetauscht werden. Um Verhalten positiv zu verstärken, ist es allerdings wichtig, dass die Belohnung sofort erfolgt, damit sie dem belohnenswerten, erwünschten Verhalten auch richtig zugeordnet werden kann. Das Token-System kann auch verwendet werden, um nicht gewünschtes Verhalten zu reduzieren, indem man dann Token entzieht. Ich würde jedoch immer die positive Verstärkung empfehlen, da das Belohnungssystem im Umkehrschluss doch eher einer Strafe gleichkommt. Unerwünschtes Verhalten sollte durch Löschen, also keine Reaktion darauf zeigen, eliminiert werden. Dies führt anfangs zwar zu einer Intensivierung des Verhaltens, letztendlich aber nimmt das Verhalten ab, da es für den Anwender keinen Sinn mehr hat.

U wie Unterrichtsgestaltung

Eine erfolgreiche Unterrichtsgestaltung für autistische Schüler hängt ganz von dem einzelnen Schüler ab und kann deshalb nur individuell und vor Ort entschieden werden. Ratschläge aus der Ferne sind immer mit Vorsicht zu betrachten, denn was mir geholfen hat, kann für einen anderen Autisten ein absoluter Stressor sein. Im Allgemeinen kann man sagen, dass autistische (als auch nicht-autistische) Schüler von kleineren Klassen profitieren. Es gilt die jeweilige Geräuschkulisse zu untersuchen und einen günstigen Sitzplatz für den Schüler zu finden. Wird ein Schulbegleiter gebraucht, dann sind dessen Aufgaben deutlich zu definieren, damit es eine Hilfe bleibt und keine Übernahme daraus wird. Der Schulbegleiter sollte regelmäßig gewechselt werden, damit er nicht zu einem Anker wird, der dann im Falle eines Wegfalles (Schwangerschaft, Umzug etc.) den weiteren Schulbesuch gefährdet. Man sollte besprechen, wie gut das Kind Strukturänderungen wie Ausfall oder Vertretungsstunden verkraften kann und eine Strategie schaffen, mit deren Hilfe es auch solche oftmals unankündbaren Strukturänderungen schaffen kann. Bauen Sie einen Schul-Jenga-Turm und stellen Sie sicher, dass, egal, was passiert, der Turm am Ende des Schultages noch steht. Reden Sie mit dem Schüler. Erklären Sie ihm, dass Sie viele Dinge nicht wahrnehmen, die ihn aber vielleicht stören könnten. Lassen Sie sich von dem autistischen Schüler durch Ihr Schulhaus führen und versuchen Sie, über seine Wahrnehmung mit anderen Augen zu sehen. Holen Sie sich Experten in eigener Sache, sprich autistische Referenten, zu Vorträgen und Beratungen an Ihre Einrichtung. Halten Sie guten Kontakt zu den Eltern und dem restlichen Umfeld des Kindes. Was dort klappt, kann in der Schule vielleicht auch funktionieren. Aber verlassen Sie sich nicht darauf.

V wie Vertrauen

Auch wenn Ihnen das Verhalten autistischer Menschen noch so anders erscheint, ist es doch Verhalten, welches auch Sie bei sich entdecken können. Suchen Sie nach diesen Gemeinsamkeiten und geben Sie autistischen Menschen nicht das Gefühl, dass sie anders sind, sondern, dass sie dazugehören. Schenken Sie ihnen Ihr Vertrauen, auch dann, wenn Ihnen etwas unverständlich ist oder Sie es anders gemacht hätten. Es ist etwas Großes, einem Menschen sein Vertrauen zu schenken. Ich muss, um meinen Alltag bewältigen zu können, sehr oft Menschen einfach vertrauen und mich darauf verlassen, dass ihre Wahrnehmung der Situation die bessere ist. So kann ich mein Verhalten anpassen. Ohne gegenseitiges Vertrauen würde das nicht funktionieren.

W wie Worte richtig wählen – Sprachverständnis

Die meisten Missverständnisse entstehen, weil wir miteinander sprechen. Die Lösung ist, noch mehr miteinander ins Gespräch zu kommen, noch mehr zu reden und vor allem zu erklären. Versuchen Sie im Gespräch mit autistischen Menschen sprachliche Mittel wie Sarkasmus und Ironie wegzulassen. Damit sind die meisten Autisten komplett überfordert. Auch Sprichwörter und Redensarten tragen zur Verwirrung bei. Erklären Sie diese so gut es geht. Autistischen Menschen fällt es oft schwer, zu sagen, dass sie etwas nicht verstehen. Bieten Sie diese Erläuterungen deshalb von sich aus an. Seien Sie sich immer bewusst, dass Autisten dazu neigen, Dinge wörtlich zu nehmen und dies dann bei ihnen Reaktionen auslöst, die Sie nicht erwarten. Oftmals entsteht daraus auch ein Humor, dessen sich der Autist gar nicht bewusst ist. Erklären Sie also bitte Ihr Schmunzeln. Siehe Kapitel 7 ff. zu Kommunikation.

X wie Xperten in eigener Sache – Autisten helfen Autisten

Holen Sie sich Rat und Hilfe bei den Experten in eigener Sache. Es gibt auch in Deutschland einige autistische Menschen, die Bücher geschrieben haben oder Vorträge halten und Seminare geben. Eine Auswahl finden Sie im Internet. Schön wäre es, wenn autistische Menschen als Schulberater agieren würden bzw. den Schulberatern zur Seite gestellt wären, aber so weit sind wir jedenfalls in Sachsen noch nicht. Auch aus Blogs autistischer Menschen kann man sich nützliche und interessante Informationen holen.

Y wie ying und yang – anders, aber zusammengehörend

Vergessen Sie nicht, wir haben alle ein Selbst. Sie schützen Ihres mit einem funktionalen ICH und können sich so auf Ihre Umgebung einstellen und sozial adäquat reagieren. Ohne dieses ICH würden auch Sie autistisches Verhalten zeigen. Wir sind alle anders und doch auch gleich. Wir gehören zusammen und sollten die neuronale Vielfalt, die uns umgibt, schätzen und nutzen, um unsere Gesellschaft zu stärken und zu einem Ort zu machen, an dem jeder, so wie er ist, willkommen ist.

Z wie Ziele realistisch setzen– was geht, wann und was (noch) nicht

Es gibt immer auch Grenzen. Schätzen Sie realistisch ein, was geht und was geht eben (noch) nicht. Definieren Sie die Ziele. Aber geben Sie sich und diesen Zielen Zeit. Elijah macht immer Fortschritte, aber oftmals sind diese Schritte so klein, dass das Umfeld sie gar nicht oder nur schwer bemerkt. Jeder Mensch hat seine eigene Geschwindigkeit und muss unterschiedlich lange Weg gehen, um zu einem Ziel zu kommen. Schauen Sie immer wieder, ob die Ziele erreichbar sind, wie sie erreichbar sind und in welchem Zeitraum. Machen Sie es, wenn nötig, kleinschrittiger, damit Zwischenerfolge erzielt und genossen werden können. Glauben Sie, vertrauen Sie darauf, dass etwas Sinn macht, egal wie es ausgehen wird.

Kritzelseite für Gedanken-

Raum für Ideen

Für die Ungeduldigen unter Ihnen: der Ball kostet 5 Cent. Sie glauben mir das immer noch nicht?

Dann hier die ausführliche Lösung: Ein Schläger und ein Ball kosten zusammen 1,10 €. Wie viel kostet der Ball?

Lösung: Es gibt 2 Unbekannte und 2 Gleichungen, die beide Unbekannten eindeutig bestimmen:

x = Preis für Ball in Cent

y = Preis für Schläger in Cent:

Es gilt:

x + y = 110 (Ball und Schlager kosten zusammen 110 Cent)

y = x + 100 (Der Schläger kostet 100 Cent mehr als der Ball)

Also:

x + y = 110

x + x + 100 = 110 ...// y = x + 100

x = (110 - 100) / 2 = 5

y = x + 100 = 5 + 100 = 105

Ergebnis: x = 5, y = 105

Der Ball kostet also 5 Cent und der Schläger 105 Cent.

Für das Verständnis von Autismus ist es wichtig, zu wissen, dass das Unterbewusstsein aufgrund der stark gekürzten Informationen, die es bekommt, auch des öfteren Fehler macht. Die meisten von Ihnen werden bei dieser Aufgabe zuerst an die 10 gedacht haben. Bitte vergessen Sie nicht, dass Sie extrem schnell waren. Nur dazu, also um zu zeigen, wie schnell das Unterbewusstsein reagiert, diente diese Aufgabe. Aber das Gehirn ist lernfähig und sollte Ihnen jemand diese Aufgabe nochmal stellen, dann werden Sie siegessicher 5 Cent rufen und dabei an mich denken. Erfahrungs- und Erwartungszahnrad...es lebe hoch.

Das Nachwort

Zuallererst möchte ich Ihnen, liebe Leser, für Ihr Durchhaltevermögen und Ihr Vertrauen danken.

Ich hoffe, Sie legen das Buch mit dem guten Gefühl weg, dass Ihnen Autismus nicht mehr so unverständlich ist. Ich denke, dass Sie sich in vielen Dingen, die ich über mich und meinen Sohn geschrieben habe, doch auch ein Stück weit wiedererkannt haben.

Vielleicht ist es bei Ihnen nicht so extrem oder intensiv, nicht so heftig oder ganz so häufig, aber es ist Ihnen nicht ganz fremd. Autismus ist doch näher an Ihnen dran, als Sie gedacht haben. Beobachten Sie sich bewusster, dann werden auch Sie in einen engeren Kontakt mit Ihrem Selbst kommen und an sich und mit sich Momente erleben, in denen Sie entweder auch autistisches Verhalten zeigen oder dieses dank Ihres starken ICHs noch geschickt unterdrücken können.

Vergessen Sie bitte nicht, dass es einen großen Unterschied zwischen Nicht-Können und Nicht-Wollen gibt. Autistische Menschen wollen auch Kontakt mit anderen Menschen, wollen ein Teil der Gemeinschaft sein, wollen zeigen, was sie drauf haben, aber sie können es oft nicht. Es fehlt das Know-How.

Ich weiß, es ist schwer, nicht zu interpretieren, aber bitte versuchen Sie es. Denn es führt im Zusammensein mit autistischen Menschen zu noch mehr Missverständnissen und Problemen.

Sehen Sie mit dem Herzen und sehen Sie vor allem den Menschen mit all seinen Potenzialen und helfen Sie Defizite zu kompensieren.

Nehmen Sie autistische Menschen so an, wie sie sind. Inklusion gibt es zum Nulltarif, denn Verständnis, Toleranz und Akzeptanz kosten kein Geld.

Gee Vero
Etzoldshain im Juli 2014

Lightning Source UK Ltd.
Milton Keynes UK
UKOW04f2113250315

248538UK00004B/289/P

9 781784 079734